TAXI PARISIEN

D'accord! 2

Langue et culture du monde francophone

VISTA
HIGHER LEARNING

Boston, Massachusetts

VISTA
HIGHER LEARNING

ISBN: 978-1-60576-579-2

1 2 3 4 5 6 7 8 9 BB 15 14 13 12 11 10

Table of Contents

Unité Préliminaire
Leçon PA

CONTEXTES

Mise en pratique

2 Écoutez Patrice cherche un appartement. Écoutez sa conversation téléphonique et dites si les affirmations sont **vraies** ou **fausses**.

PATRICE Allô, Madame Dautry, s'il vous plaît.

DAME Oui, c'est moi. J'écoute.

PATRICE Mon nom est Patrice Leconte. Je vous appelle au sujet de votre appartement du 24, rue Pasteur. Est-ce qu'il est toujours libre?

DAME Oui, jeune homme. Il est toujours libre.

PATRICE Parfait. Comment est-il?

DAME Il est au quatrième étage d'un immeuble moderne. Il y a un balcon, mais pas de garage. La chambre est plutôt petite, mais il y a beaucoup de placards.

PATRICE Et la salle de bains?

DAME Elle est petite aussi, avec une douche, un lavabo et un grand miroir. Les toilettes sont séparées.

PATRICE Et le salon?

DAME C'est la pièce principale. Elle est plutôt grande. La cuisine est juste à côté.

PATRICE C'est combien, le loyer?

DAME Le loyer est de 490 €.

PATRICE Oh, c'est cher!

DAME Mais vous êtes à côté de l'université et l'appartement est libre le premier septembre.

PATRICE Bon, je vais y penser. Merci beaucoup. Au revoir, Madame.

DAME Au revoir, Monsieur.

LES SONS ET LES LETTRES

s and ss

You've already learned that an **s** at the end of a word is usually silent.

lavabos, copains, vas, placards

An **s** at the beginning of a word, before a consonant, or after a pronounced consonant, is pronounced like the *s* in the English word *set*.

soir, salon, studio, absolument

A double *s* is pronounced like the *ss* in the English word *kiss*.

grosse, assez, intéressant, rousse

An **s** at the end of a word is often pronounced when the following word begins with a vowel sound. An **s** in a liaison sounds like a *z*, like the *s* in the English word *rose*.

très élégant, trois hommes

The other instance where the French **s** has a *z* sound is when there is a single **s** between two vowels within the same word. The **s** is pronounced like the *s* in the English word *music*.

musée, amusant, oiseau, besoin

These words look alike, but have different meanings. Compare the pronunciations of each word pair.

poison, poisson, désert, dessert

Prononcez Répétez les mots suivants à voix haute.
1. sac
2. triste
3. suisse
4. chose
5. bourse
6. passer
7. surprise
8. assister
9. magasin
10. expressions
11. sénégalaise
12. sérieusement

Articulez Répétez les phrases suivantes à voix haute.
1. Le spectacle est très amusant et la chanteuse est superbe.
2. Est-ce que vous habitez dans une résidence universitaire?
3. De temps en temps, Suzanne assiste à l'inauguration d'expositions au musée.
4. Heureusement, mes professeurs sont sympathiques, sociables et très sincères.

Dictons Répétez les dictons à voix haute.
1. Si jeunesse savait, si vieillesse pouvait.
2. Les oiseaux de même plumage s'assemblent sur le même rivage.

Leçon PB

CONTEXTES

Mise en pratique

2 Écoutez Écoutez la conversation téléphonique entre Édouard, un étudiant, et un conseiller à la radio. Ensuite, indiquez les tâches ménagères que faisaient Édouard et Paul au début du semestre.

J'ai un problème avec Paul, mon colocataire, parce qu'il ne m'aide pas à faire le ménage. Quand le semestre a commencé, il faisait la vaisselle, il sortait la poubelle et il balayait. Parfois, il faisait même mon lit. Paul ne faisait jamais la cuisine parce qu'il détestait ça, c'est moi qui la faisais. Je faisais aussi la lessive, je passais l'aspirateur et je nettoyais le frigo. Maintenant, Paul ne fait jamais son lit et il ne m'aide pas. C'est moi qui fais tout. Qu'est-ce que vous me suggérez de faire?

LES SONS ET LES LETTRES

Semi-vowels

French has three semi-vowels. Semi-vowels are sounds that are produced in much the same way as vowels, but also have many properties in common with consonants. Semi-vowels are also sometimes referred to as *glides* because they glide from or into the vowel they accompany.

Lucien, chien, soif, nuit

The semi-vowel that occurs in the word **bien** is very much like the *y* in the English word *yes*. It is usually spelled with an **i** or a **y**, pronounced *ee*, then glides into the following sound. This semi-vowel sound is also produced when **ll** follows an **i**.

nation, balayer, bien, brillant

The semi-vowel that occurs in the word **soif** is like the *w* in the English word *was*. It usually begins with **o** or **ou**, then glides into the following vowel.

trois, froid, oui, ouistiti

The third semi-vowel sound occurs in the word **nuit**. It is spelled with the vowel **u**, as in the French word **tu**, then glides into the following sound.

lui, suis, cruel, intellectuel

Prononcez Répétez les mots suivants à voix haute.
1. oui
2. taille
3. suisse
4. fille
5. mois
6. cruel
7. minuit
8. jouer
9. cuisine
10. juillet
11. échouer
12. croissant

Articulez Répétez les phrases suivantes à voix haute.
1. Voici trois poissons noirs.
2. Louis et sa famille sont suisses.
3. Parfois, Grégoire fait de la cuisine chinoise.
4. Aujourd'hui, Matthieu et Damien vont travailler.
5. Françoise a besoin de faire ses devoirs d'histoire.
6. La fille de Monsieur Poirot va conduire pour la première fois.

Dictons Répétez les dictons à voix haute.
1. La nuit, tous les chats sont gris.
2. Vouloir, c'est pouvoir.

SYNTHÈSE

À l'écoute

Stratégie: *Using visual cues*
To practice this strategy, you will listen to a passage related to the image. Jot down the clues the image gives you as you listen.

Nous avons trouvé un appartement super dans le quartier du Marais. Il est au premier étage, dans un immeuble très calme. Il y a une salle de séjour assez grande, une cuisine avec frigo, cuisinière et lave-linge, une petite salle de bains et deux chambres très jolies. Il y a aussi des placards dans toutes les pièces et un garage en sous-sol pour notre voiture. On peut emménager la semaine prochaine et le loyer n'est pas très cher. Nous sommes vraiment heureux, tu sais!

À vous d'écouter!

Écoutez la conversation. Monsieur Duchemin va proposer trois logements à Madame Lopez. Regardez les annonces et écrivez le numéro de référence de chaque possibilité qu'il propose.

AGENT Allô, bonjour. Madame Lopez, s'il vous plaît.
CLIENTE C'est elle-même.
AGENT Ah, bonjour, Madame. Ici Monsieur Duchemin de l'agence immobilière. Vous cherchez un logement à louer à Avignon ou dans la banlieue, c'est bien ça?
CLIENTE Oui, Monsieur, c'est exact. Vous avez une maison à me proposer?
AGENT Oui, j'ai trois possibilités. La première est une maison en ville, dans un quartier calme près du parc Victor Hugo. Elle n'est pas très grande, mais elle est très jolie et elle a un petit jardin. Il y a un salon, une salle à manger, une grande cuisine avec beaucoup de placards, une salle de bains, les W.-C. et trois chambres.
CLIENTE Il y a un garage?
AGENT Non, Madame, mais il y a toujours des places dans le quartier.
CLIENTE Bon. Et qu'est-ce que vous avez d'autre?
AGENT J'ai aussi une très grande maison meublée avec jardin et garage, en banlieue, à une demi-heure de la ville.
CLIENTE C'est un peu loin, mais bon… Il y a combien de chambres?
AGENT Quatre chambres.
CLIENTE Et qu'est-ce qu'il y a comme meubles?
AGENT Un canapé, des fauteuils et des étagères dans le salon, un grand lit et une commode dans la grande chambre… et voyons, quoi d'autre? Ah, oui! La cuisine est équipée avec tout le nécessaire: frigo, congélateur, cuisinière, four à micro-ondes, lave-linge et sèche-linge.
CLIENTE Très bien. Et la troisième possibilité?
AGENT C'est un grand appartement dans le centre-ville, sur la place des Halles. Il n'y a pas de jardin.
CLIENTE Et combien de chambres y a-t-il?
AGENT Deux chambres avec des balcons. Si vous aimez le moderne, cet appartement est parfait pour vous. Et il a un garage.
CLIENTE Bon, je vais en parler avec mon mari.
AGENT Très bien, Madame. Au revoir.
CLIENTE Au revoir, Monsieur Duchemin.

VOCABULAIRE

You will now hear the vocabulary found in your textbook on the last page of this unit. Listen and repeat each French word or phrase after the speaker.

Les parties d'une maison
un balcon
une cave
une chambre
un couloir
une cuisine
un escalier
un garage
un jardin
un mur
une pièce
une salle à manger
une salle de bains
une salle de séjour
un salon
un sous-sol
un studio
les toilettes
les W.-C.

Les appareils ménagers
un appareil électrique
un appareil ménager
une cafetière
un congélateur
une cuisinière
un fer à repasser
un four à micro-ondes
un frigo
un grille-pain
un lave-linge
un lave-vaisselle
un sèche-linge

Chez soi
un propriétaire
une propriétaire
un appartement
un immeuble
un logement
un loyer
un quartier
une résidence universitaire
une affiche
une armoire
une baignoire
un balai
un canapé
une commode
une couverture
une douche
les draps
une étagère
un évier
un fauteuil
une fleur
une lampe
un lavabo
un meuble
un miroir
un oreiller
un placard
un rideau
un tapis
un tiroir
déménager
emménager
louer

Les tâches ménagères
une tâche ménagère
balayer
débarrasser la table
enlever la poussière
faire la poussière
essuyer la vaisselle
essuyer la table
faire la lessive
faire le lit
faire le ménage
faire la vaisselle
laver
mettre la table
passer l'aspirateur
ranger
repasser le linge
salir
sortir la poubelle
sortir les poubelles
propre
sale

Verbes
connaître
reconnaître
savoir
vivre

Expressions that signal a past tense
d'habitude
parfois
souvent
toujours
tout à coup
tout d'un coup
tous les jours
une fois
un jour

Unité 1
Leçon 1A

CONTEXTES

Mise en pratique

2 **Écoutez** Fatima et René se préparent à aller faire des courses. Écoutez leur conversation alors qu'ils décident de ce qu'ils vont acheter. Ensuite, complétez les phrases.

FATIMA Je n'ai presque plus rien dans le frigo. Il faut aller au supermarché.

RENÉ D'accord.

FATIMA Regardons d'abord ce qu'il nous reste. Voyons, il nous reste six carottes, quelques champignons, une petite laitue et trois tomates.

RENÉ Parfait. Juste de quoi faire une salade pour le déjeuner. Mais il n'y a plus rien pour le dîner.

FATIMA Dis, nous allons tout le temps au supermarché. Pourquoi ne pas aller au marché plutôt? Il y en a un place Victor Hugo aujourd'hui. Il est là deux fois par semaine: le mercredi et le dimanche. J'ai besoin d'acheter des pommes de terre et des oignons.

RENÉ D'accord. Moi, je vais acheter des fruits: des fraises, des pêches et quelques poires. Et j'ai envie d'acheter des fruits de mer aussi. Je vais te faire un bon petit repas.

FATIMA Alors, allons-y! Au marché!

LES SONS ET LES LETTRES

e caduc and e muet

In **D'accord! Level 1,** you learned that the vowel e in very short words is pronounced similarly to the *a* in the English word *about*. This sound is called an **e caduc**. An **e caduc** can also occur in longer words and before words beginning with vowel sounds.

rechercher, devoirs, le haricot, le onze

An **e caduc** occurs in order to break up clusters of several consonants.

appartement, quelquefois, poivre vert, gouvernement

An **e caduc** is sometimes called **e muet** (*mute*). It is often dropped in spoken French.

Tu ne sais pas.

Je veux bien!

C'est un livre intéressant.

An unaccented **e** before a single consonant sound is often silent unless its omission makes the word difficult to pronounce.

semaine, petit, finalement

An unaccented **e** at the end of a word is usually silent and often marks a feminine noun or adjective.

fraise, salade, intelligente, jeune

Prononcez Répétez les mots suivants à voix haute.
1. vendredi
2. logement
3. exemple
4. devenir
5. tartelette
6. finalement
7. boucherie
8. petits pois
9. pomme de terre
10. malheureusement

Articulez Répétez les phrases suivantes à voix haute.
1. Tu ne vas pas prendre de casquette?
2. J'étudie le huitième chapitre maintenant.
3. Il va passer ses vacances en Angleterre.
4. Marc me parle souvent au téléphone.
5. Mercredi, je réserve dans une auberge.
6. Finalement, ce petit logement est bien.

Dictons Répétez les dictons à voix haute.
1. L'habit ne fait pas le moine.
2. Le soleil luit pour tout le monde.

Leçon 1B

CONTEXTES

Mise en pratique

3 **Écoutez** Catherine est au régime. Elle parle de ses habitudes alimentaires. Écoutez et indiquez si les affirmations suivantes sont **vraies** ou **fausses**.

Je suis au régime, alors je ne peux pas manger beaucoup de desserts, ou bien, de pain en général. Parfois, je vais à la boulangerie et j'achète des croissants pour le petit-déjeuner, mais je les prends sans confiture. Quand je mange une salade, je n'utilise jamais d'huile d'olive. Je fais très attention à ce que je mange et je ne mets pas trop de sel dans mes plats. J'utilise très peu de poivre parce que je n'aime pas beaucoup ça. Chaque semaine, quand je fais les courses, je vais à la boulangerie pour acheter du pain. Pour les fruits et les légumes, je vais au marché. Je vais rarement au supermarché; je préfère aller chez les commerçants parce que le service est très agréable. Je ne vais jamais ni à la boucherie ni à la poissonnerie parce que je viens de devenir végétarienne.

LES SONS ET LES LETTRES

Stress and rhythm

In French, all syllables are pronounced with more or less equal stress, but the final syllable in a phrase is elongated slightly.

Je fais souvent du sport, mais aujourd'hui, j'ai envie de rester à la maison.

French sentences are divided into three basic kinds of rhythmic groups.

> Caroline et Dominique sont venues chez moi.

The final syllable of a rhythmic group may be slightly accentuated either by rising intonation (pitch) or elongation.

> Caroline et Dominique sont venues chez moi.

In English, you can add emphasis by placing more stress on certain words. In French, you can emphasize the word by adding the corresponding pronoun or you can elongate the first consonant sound.

> Je ne sais pas, moi.
>
> Quel idiot!
>
> C'est fantastique!

Prononcez Répétez les phrases suivantes à voix haute.
1. Ce n'est pas vrai, ça.
2. Bonjour, Mademoiselle.
3. Moi, je m'appelle Florence.
4. La clé de ma chambre, je l'ai perdue.
5. Je voudrais un grand café noir et un croissant, s'il vous plaît.
6. Nous allons tous au marché, mais Marie, elle, va au centre commercial.

Articulez Répétez les phrases en mettant l'emphase sur les mots indiqués.
1. C'est *impossible*!
2. Le film était *super*!
3. Cette tarte est *délicieuse*!
4. Quelle idée *extraordinaire*!
5. Ma sœur parle *constamment*.

Dictons Répétez les dictons à voix haute.
1. Les chemins les plus courts ne sont pas toujours les meilleurs.
2. Le chat parti, les souris dansent.

VOCABULAIRE

You will now hear the vocabulary found in your textbook on the last page of this unit. Listen and repeat each French word or phrase after the speaker.

À table
une assiette
un bol
une carafe d'eau
une carte
un couteau
une cuillère à soupe
une cuillère à café
une fourchette
un menu
une nappe
une serviette
une boîte de conserve

SYNTHÈSE

À l'écoute

Stratégie: *Jotting down notes as you listen*
To practice this strategy, you will listen to a paragraph. Jot down the main points you hear.

Bon, je vais aller faire les courses. D'abord, je vais passer à la boucherie. J'ai besoin d'un poulet et de quatre steaks. Ensuite, je vais aller à la boulangerie pour acheter du pain et des croissants. Ah oui! Il faut aussi du poisson pour ce soir. Alors, du thon à la poissonnerie. Et au supermarché, des légumes et des fruits.

À vous d'écouter!

Écoutez les instructions pour préparer une salade niçoise et notez quelques ingrédients nécessaires.

Bonjour à tous et bienvenue à «Cuisiner avec Claude». Aujourd'hui, nous allons préparer une salade bien française: la salade niçoise. C'est une salade très complète qui est parfaite pour l'été. Alors, voici ce que vous devez faire pour préparer cette salade. Tout d'abord, faites cuire les haricots verts et les pommes de terre dans de l'eau très chaude avec un peu de sel. Faites aussi cuire les œufs dans de l'eau. Lavez bien la salade et mettez-la dans une grande assiette. Mettez les pommes de terre et les haricots verts sur la salade. Coupez les œufs, quelques tomates et un poivron et mettez-les dans la salade. Ensuite, mettez du thon et des olives noires. Et maintenant, pour la vinaigrette, mélangez du vinaigre, de l'huile d'olive, de la moutarde et un peu d'ail. Mettez du sel et du poivre dans la vinaigrette et ajoutez-la à la salade. Et voilà! Votre salade est prête! Vous pouvez la servir avec du pain ou bien des croûtons, si vous le désirez. Cette salade délicieuse est rapide à préparer et vous pouvez la servir en entrée ou bien comme plat principal. Allez! À table! Et bon appétit à tous!

la crème
l'huile d'olive
la mayonnaise
la moutarde
le poivre
le sel
une tranche
une cantine
À table!
compris

Les fruits
une banane
une fraise
un fruit
une orange
une pêche

une poire
une pomme
une tomate

Autres aliments
un aliment
la confiture
la nourriture
des pâtes
le riz
une tarte
un yaourt

Verbes
devenir
devoir
maintenir
pouvoir
retenir
revenir
tenir
venir
vouloir

Autres mots et locutions
depuis
il y a
pendant

Les repas
commander
cuisiner
être au régime
goûter
un déjeuner
un dîner
un goûter
un petit-déjeuner
un repas
une entrée
un hors-d'œuvre
un plat principal

**Les viandes et les
     poissons**
le bœuf
un escargot
les fruits de mer
un œuf
un pâté de campagne
le porc
un poulet
une saucisse
un steak
le thon
la viande

Les légumes
l'ail
une carotte
un champignon
des haricots verts
une laitue
un légume
un oignon
des petits pois
un poivron vert
un poivron rouge
une pomme de terre
une salade

Les achats
faire les courses
une boucherie
une boulangerie
une charcuterie
une pâtisserie
une poissonnerie
un supermarché
un commerçant
une commerçante
un kilogramme

**Comparatives and
     superlatives**
bon
bonne
meilleur
le meilleur
la meilleure
les meilleurs
mauvais
mauvaise
pire
plus mauvais
plus mauvaise
le pire
la pire
les pires
le plus mauvais
la plus mauvaise
les plus mauvais
les plus mauvaises
bien
mieux
le mieux
mal
plus mal
le plus mal

Unité 2
Leçon 2A

CONTEXTES

Mise en pratique

3 Écoutez Sarah, son grand frère Guillaume et leur père parlent de qui va utiliser la salle de bains en premier ce matin. Écoutez la conversation et indiquez si les affirmations suivantes sont vraies ou fausses.

SARAH Allez, Guillaume. J'ai besoin d'utiliser la salle de bains.

GUILLAUME Une minute! Je viens juste d'y entrer.

SARAH Mais je suis en retard pour mes cours. Je n'ai pas entendu mon réveil.

PÈRE Sarah, laisse ton frère se raser, prendre une douche et se brosser les dents. Il est arrivé le premier.

GUILLAUME Je fais vite. Tiens! Il n'y a plus de shampooing. Est-ce que tu peux m'apporter une nouvelle bouteille et une grande serviette de bain, s'il te plaît?

SARAH Et tes pantoufles aussi?

NARRATOR Un peu plus tard...

PÈRE Où est ta sœur?

GUILLAUME Sarah va prendre sa douche. Elle doit se brosser les dents, s'habiller et se coiffer en moins de vingt minutes. Elle a décidé de ne pas se maquiller et de ne pas se sécher les cheveux pour gagner du temps.

PÈRE Bon, on va te préparer quelque chose à manger dans le bus.

LES SONS ET LES LETTRES

ch, qu, ph, th, and gn

The letter combination **ch** is usually pronounced like the English *sh*, as in the word *shoe*.

chat, chien, chose, enchanté

In words borrowed from other languages, the pronunciation of **c, h** may be irregular. For example, in words of Greek origin, **c, h** is pronounced **k**.

psychologie, technologie, archaïque, archéologie

The letter combination **q, u** is almost always pronounced like the letter **k**.

quand, pratiquer, kiosque, quelle

The letter combination **p, h** is pronounced like an **f**.

téléphone, photo, prophète, géographie

The letter combination **t, h** is pronounced like the letter **t**. English *th* sounds, as in the words *this* and *with*, never occur in French.

thé, athlète, bibliothèque, sympathique

The letter combination **g, n** is pronounced like the sound in the middle of the English word *onion*.

montagne, espagnol, gagner, Allemagne

Prononcez Répétez les mots suivants à voix haute.
1. thé
2. quart
3. chose
4. question
5. cheveux
6. parce que
7. champagne
8. casquette
9. philosophie
10. fréquenter
11. photographie
12. sympathique

Articulez Répétez les phrases suivantes à voix haute.
1. Quentin est martiniquais ou québécois?
2. Quelqu'un explique la question à Joseph.
3. Pourquoi est-ce que Philippe est inquiet?
4. Ignace prend une photo de la montagne.
5. Monique fréquente un café en Belgique.
6. Théo étudie la physique.

Dictons Répétez les dictons à voix haute.
1. La vache la première au pré lèche la rosée.
2. N'éveillez pas le chat qui dort.

Leçon 2B

CONTEXTES

Mise en pratique

3 Écoutez Monsieur Sebbar est tombé malade. Vous allez écouter une conversation entre lui et son médecin. Choisissez les éléments de chaque catégorie qui sont vrais.

MÉDECIN Monsieur Sebbar, qu'est-ce qui ne va pas?

M. SEBBAR Docteur, j'ai mal partout. J'ai mal aux yeux et j'ai mal à la tête.

MÉDECIN Laissez-moi voir... je vais prendre votre température. Vous avez de la fièvre, aussi.

M. SEBBAR Ce n'est pas tout! Ce matin, quand je me suis levé pour aller aux toilettes, je suis tombé. J'ai peur de m'être cassé la cheville parce qu'elle me fait très mal.

MÉDECIN Monsieur Sebbar, ne vous inquiétez pas. Heureusement, vous vous êtes seulement foulé la cheville. Je vais vous donner quelques médicaments contre la douleur. Quant à vos autres symptômes, vous avez la grippe. Restez au lit pendant une semaine. Buvez beaucoup d'eau. L'infirmière va vous faire une piqûre. Comme ça, vous allez guérir plus vite.

LES SONS ET LES LETTRES

p, t, and c

Read the following English words aloud while holding your hand an inch or two in front of your mouth. You should feel a small burst of air when you pronounce each of the consonants.

pan, top, cope, pat

In French, the letters **p**, **t**, and **c** are not accompanied by a short burst of air. This time, try to minimize the amount of air you exhale as you pronounce these consonants. You should feel only a very small burst of air or none at all.

> panne, taupe, capital, cœur

To minimize a **t** sound, touch your tongue to your teeth and gums, rather than just your gums.

> taille, tête, tomber, tousser

Similarly, you can minimize the force of a **p** by smiling slightly as you pronounce it.

> pied, poitrine, pilule, piqûre

When you pronounce a hard **c** sound, you can minimize the force by releasing it very quickly.

> corps, cou, casser, comme

Prononcez Répétez les mots suivants à voix haute.
1. plat
2. cave
3. tort
4. timide
5. commencer
6. travailler
7. pardon
8. carotte
9. partager
10. problème
11. rencontrer
12. confiture
13. petits pois
14. colocataire
15. canadien

Articulez Répétez les phrases suivantes à voix haute.
1. Paul préfère le tennis ou les cartes?
2. Claude déteste le poisson et le café.
3. Claire et Thomas ont-ils la grippe?
4. Tu préfères les biscuits ou les gâteaux?

Dictons Répétez les dictons à voix haute.
1. Les absents ont toujours tort.
2. Il n'y a que le premier pas qui coûte.

SYNTHÈSE

À l'écoute

Stratégie: *Listening for specific information*
To practice this strategy, you will listen to a commercial for a flu relief medication. Before you listen, use what you already know about the flu and commercials for medications to predict the content of the commercial. Then, listen and jot down specific information the commercial provides. Compare these details to the predictions you first made.

Vous ne vous sentez pas bien? Vous avez mal à la tête et au dos? Tout votre corps vous fait mal? Vous éternuez et vous toussez? Vous vous sentez faible et vous n'êtes pas en forme? Vous avez probablement la grippe. Alors, n'attendez pas! Dépêchez-vous d'acheter le médicament homéopathique Grippum. Avec Grippum, la santé est retrouvée en quelques jours! Grippum, en vente chez votre pharmacien.

À vous d'écouter

Écoutez la conversation et indiquez chaque problème que Dimitri mentionne.

NADINE Tiens… Dimitri? Dimitri Klein?

DIMITRI Euh… oui?

NADINE C'est moi, Nadine Girardot, du cours de littérature de Madame Larose. Tu ne te souviens pas de moi?

DIMITRI Ah si, bien sûr! Excuse-moi. Je ne me sens pas très bien, aujourd'hui.

NADINE Oui, tu as l'air fatigué… Qu'est-ce qui ne va pas?

DIMITRI Ben, je ne sais pas trop. Je ne suis pas très en forme depuis deux mois.

NADINE Ah bon? Et tu es allé chez le médecin?

DIMITRI Oui, mais il dit que je ne suis pas malade. Il pense que je suis un peu déprimé parce que je m'ennuie à l'université. Et comme je ne me repose pas beaucoup, il pense aussi que je suis fatigué.

NADINE C'est très important de se reposer. Tu dois prendre le temps de te reposer et de t'amuser un peu tous les jours.

DIMITRI Il dit aussi que je dois manger plus sainement et faire de l'exercice.

NADINE C'est vrai, tu sais. On est beaucoup plus en forme quand on mange bien et quand on fait du sport.

DIMITRI Oui, je sais… Je pense commencer un régime.

NADINE Ah non! Ce n'est pas une bonne idée. Les régimes sont mauvais pour la santé. Manger sainement, c'est simplement manger plus de fruits, de légumes et de poisson. Tu vas voir, si tu manges sainement, tu vas retrouver la ligne sans problème. Et tu ne fais pas de sport?

DIMITRI Non, j'ai souvent des douleurs dans le dos, alors le sport…

NADINE Fais de la natation! C'est excellent pour le dos.

DIMITRI Oui, bonne idée… Mais toi, tu as l'air d'être en forme, dis donc!

NADINE Oui, j'ai une forme super en ce moment. J'ai arrêté de fumer, je mange bien et je fais de l'exercice trois fois par semaine. Je me sens vraiment très bien!

DIMITRI Eh bien, bravo!

VOCABULAIRE

You will now hear the vocabulary found in your textbook on the last page of this unit. Listen and repeat each French word or phrase after the speaker.

La routine
faire sa toilette
se brosser les cheveux
se brosser les dents
se coiffer
se coucher
se déshabiller
s'endormir
s'habiller
se laver
se laver les mains
se lever
se maquiller
prendre une douche
se raser
se regarder
se réveiller
se sécher

Dans la salle de bains
un réveil
une brosse à cheveux,
une brosse à dents
la crème à raser
le dentifrice
le maquillage
une pantoufle
un peigne
un rasoir
le savon
une serviette de bain
le shampooing

La forme
être en pleine forme
faire de l'exercice
garder la ligne

La santé
aller aux urgences
aller à la pharmacie
avoir mal
avoir mal au cœur
enfler
éternuer
être en bonne santé
être en mauvaise santé
éviter de
faire mal
faire une piqûre
fumer
guérir
se blesser
se casser la jambe
se casser le bras
se faire mal à la jambe
se faire mal au bras
se fouler la cheville
se porter mal
se porter mieux
se sentir
tomber malade
être malade
tousser
une allergie
une blessure

une douleur
une fièvre
avoir de la fièvre
la grippe
un rhume
un symptôme
une aspirine
un médicament contre
un médicament pour
une ordonnance
une pilule
les urgences
déprimé
enceinte
grave
sain
saine
un dentiste
une dentiste
un infirmier
une infirmière
un patient
une patiente
un pharmacien
une pharmacienne

Verbes pronominaux
s'amuser
s'appeler
s'arrêter
s'asseoir
se dépêcher
se détendre
se disputer avec
s'énerver
s'ennuyer
s'entendre bien avec
s'inquiéter

s'intéresser à
se mettre à
se mettre en colère
s'occuper de
se préparer
se promener
se rendre compte
se reposer
se souvenir de
se tromper
se trouver

Le corps
la bouche
un bras
le cœur
le corps
le cou
un doigt
un doigt de pied
le dos
un genou
la gorge
une jambe
une joue
le nez
un œil
des yeux
une oreille
un orteil
la peau
un pied
la poitrine
la taille
la tête
le ventre
le visage

Unité 3
Leçon 3A

CONTEXTES

Mise en pratique

3 Écoutez Écoutez la conversation entre Jérôme et l'employée d'un cybercafé. Ensuite, complétez les phrases suivantes.

JÉRÔME Bonjour, Mademoiselle. J'ai besoin de votre aide, s'il vous plaît.

L'EMPLOYÉE Oui, bien sûr, Monsieur.

JÉRÔME Voilà. J'ai pris des photos avec mon appareil numérique, mais je n'ai pas de logiciel adapté pour les regarder. Je veux les imprimer et aussi les envoyer par e-mail.

L'EMPLOYÉE Pour imprimer, vous n'avez qu'à utiliser cette imprimante couleur, mais d'abord, il faut télécharger vos photos. Ensuite, vous pouvez les sélectionner par un simple clic de la souris. Vous pouvez aussi les sauvegarder et les graver sur CD.

JÉRÔME Parfait. Et pour les envoyer par e-mail?

L'EMPLOYÉE Pour envoyer les photos, passer à votre compte d'e-mail. Attachez les photos à l'e-mail, et envoyez-le normalement.

JÉRÔME C'est finalement simple.

L'EMPLOYÉE Oui, c'est très simple. Avez-vous d'autres questions, Monsieur?

JÉRÔME Non, c'était le seul problème que j'avais. Je vous remercie beaucoup.

L'EMPLOYÉE De rien. Au revoir, Monsieur.

LES SONS ET LES LETTRES

Final consonants

You already learned that final consonants are usually silent, except for the letters **c, r, f,** and **l.**

> avec, hiver, chef, hôtel

You've probably noticed other exceptions to this rule. Often, such exceptions are words borrowed from other languages. These final consonants are pronounced.

> forum, snob, anorak, gaz

Numbers, geographical directions, and proper names are common exceptions.

> cinq, sud, Agnès, Maghreb

Some words with identical spellings are pronounced differently to distinguish between meanings or parts of speech.

> fils, fils; tous, tous

The word **plus** can have three different pronunciations.

> plus de, plus que, plus ou moins

Prononcez Répétez les mots suivants à voix haute.
1. cap
2. six
3. truc
4. club
5. slip
6. actif
7. strict
8. avril
9. index
10. Alfred
11. bifteck
12. bus

Articulez Répétez les phrases suivantes à voix haute.
1. Leur fils est gentil, mais il est très snob.
2. Au restaurant, nous avons tous pris du bifteck.
3. Le sept août, David assiste au forum sur le Maghreb.
4. Alex et Ludovic jouent au tennis dans un club de sport.
5. Prosper prend le bus pour aller à l'est de la ville.

Dictons Répétez les dictons à voix haute.
1. Plus on boit, plus on a soif.
2. Un pour tous, tous pour un!

Leçon 3B

CONTEXTES

Mise en pratique

3 Écoutez Madeleine a eu une mauvaise journée. Écoutez son histoire. Ensuite, indiquez si les phrases suivantes sont **vraies** ou **fausses.**

Hier, j'ai eu une journée terrible! J'avais un examen de maths à 8h00 du matin et je me suis levée en retard. J'étais très pressée, donc je conduisais très vite, quand tout à coup j'ai entendu une sirène. Quand j'ai regardé dans le rétroviseur, c'était un policier. Heureusement, j'avais mon permis de conduire avec moi et j'avais ma ceinture de sécurité attachée, mais comme je roulais plus vite que la vitesse autorisée, j'ai dû payer une amende. Finalement, je suis arrivée à l'université et j'ai trouvé une place pour me garer sans problème. J'ai passé mon examen de maths et je suis partie. Quand je suis retournée à ma voiture pour partir, elle n'a pas démarré. Un mécanicien est venu, il a vérifié la voiture et il m'a dit qu'elle ne démarrait pas parce qu'elle n'avait pas d'essence.

LES SONS ET LES LETTRES

The letter x

The letter **x** in French is sometimes pronounced *ks-*, like the *x* in the English word *axe*.

> taxi, expliquer, mexicain, texte

Unlike English, some French words begin with a *gz-* sound.

> xylophone, xénon, xénophile, Xavière

The letters **e, x-** followed by a vowel are often pronounced like the English word *eggs*.

> exemple, examen, exil, exact

Sometimes an **x** is pronounced *s*, as in the following numbers.

> soixante, six, dix

An **x** is pronounced _z_ in a liaison. Otherwise, an **x** at the end of a word is usually silent.

deu**x** enfants, si**x** éléphants, mieu**x**, curieu**x**

Prononcez Répétez les mots suivants à voix haute.
1. fax
2. eux
3. dix
4. prix
5. jeux
6. index
7. excuser
8. exercice
9. orageux
10. expression
11. contexte
12. sérieux

Articulez Répétez les phrases suivantes à voix haute.
1. Les amoureux sont devenus époux.
2. Soixante-dix euros! La note du taxi est exorbitante!
3. Alexandre est nerveux parce qu'il a deux examens.
4. Xavier explore le vieux quartier d'Aix-en-Provence.
5. Le professeur explique l'exercice aux étudiants exceptionnels.

Dictons Répétez les dictons à voix haute.
1. Les beaux esprits se rencontrent.
2. Les belles plumes font les beaux oiseaux.

SYNTHÈSE

À l'écoute

Stratégie: _Guessing the meaning of words through context_
To practice this strategy, you will listen to a paragraph. Jot down the unfamiliar words that you hear. Then, listen to the paragraph again and jot down the word or words that are the most useful clues to the meaning of each unfamiliar word.

Bonjour, Monsieur. J'ai examiné votre voiture. Suite à l'accident, votre voiture a plusieurs problèmes. En particulier, la portière côté passager ne ferme pas et on ne peut plus remonter la vitre. J'ai regardé sous le capot et le moteur est en bon état. Je vais réparer la voiture et vous pouvez venir la chercher demain.

À vous d'écouter

Écoutez la conversation entre la policière et l'homme et utilisez le contexte pour vous aider à comprendre les mots et expressions de la colonne A. Trouvez leur équivalent dans la colonne B.

LA POLICIÈRE Bonjour, Monsieur. Votre permis de conduire, s'il vous plaît.

L'HOMME Oui, Madame. Voilà. Euh… Quel est le problème?

LA POLICIÈRE Vous rouliez à 150 kilomètres/heure quand vous avez dépassé la grosse moto et la limitation de vitesse sur cette autoroute est à 130, Monsieur.

L'HOMME Vous êtes sûre que j'allais si vite?

LA POLICIÈRE Sûre et certaine, Monsieur!

L'HOMME Euh… Je suis désolé. C'est que… je suis très, très en retard. Je dois aller chercher mon fils à l'aéroport à vingt heures et…

LA POLICIÈRE Ce n'est pas une raison, Monsieur. Vous devez respecter la limitation de vitesse comme tout le monde…

L'HOMME Oui, je sais. Je suis vraiment désolé. Vous ne pouvez pas…

LA POLICIÈRE Je dois vous donner une contravention.

L'HOMME Oh non! Je vous en prie… Je n'ai vraiment pas beaucoup d'argent en ce moment. Je ne sais pas comment je vais pouvoir payer une amende pareille!

LA POLICIÈRE Désolée, Monsieur, mais c'est la loi. Tenez. Et roulez moins vite!

L'HOMME Oui, Madame.

LA POLICIÈRE Et n'oubliez pas d'attacher votre ceinture de sécurité, de mettre votre clignotant et de bien regarder dans votre rétroviseur avant de repartir.

L'HOMME Oui, Madame. Au revoir.

LA POLICIÈRE Au revoir, Monsieur, et soyez prudent.

VOCABULAIRE

You will now hear the vocabulary found in your textbook on the last page of this unit. Listen and repeat each French word or phrase after the speaker.

L'ordinateur
un CD
un compact disc
un disque compact
un CD-ROM
un clavier
un disque dur
un écran
un e-mail
un fichier
une imprimante
un jeu vidéo
un logiciel
un moniteur
un mot de passe
une page d'accueil
un site Internet
un site web
une souris
démarrer
être connecté avec
être en ligne avec
graver
imprimer
sauvegarder
surfer sur Internet
télécharger

Verbes
couvrir
découvrir
offrir
ouvrir
souffrir

La voiture
arrêter de faire quelque
    chose
attacher sa ceinture
    de sécurité

avoir un accident
dépasser
faire le plein
freiner
se garer
rentrer dans
réparer
tomber en panne
vérifier l'huile
vérifier la pression
    des pneus
un capot
un coffre
l'embrayage
l'essence
un essuie-glace
les freins
l'huile
un moteur
un pare-brise
un pare-chocs
les phares
un pneu crevé
une portière
un réservoir d'essence
un rétroviseur
une roue
une roue de secours
une voiture
un volant
un voyant d'essence
un voyant d'huile
un agent de police
un policier
une policière
une amende
une autoroute
la circulation
la limitation de vitesse

un mécanicien
une mécanicienne
un parking
un permis de conduire
une rue
une station-service

**Verbes pronominaux
    réciproques**
s'adorer
s'aider
s'aimer bien
se connaître
se dire
se donner
s'écrire
s'embrasser
s'entendre bien avec
se parler
se quitter
se regarder
se rencontrer
se retrouver
se téléphoner

L'électronique
un appareil photo
    numérique
un baladeur CD
une caméra vidéo
un caméscope
une cassette vidéo
une chaîne de télévision
une chaîne stéréo
un fax
un lecteur de CD
un lecteur de DVD
un magnétophone
un magnétoscope
un portable
un poste de télévision
un répondeur
    téléphonique
une télécommande

allumer
composer un numéro
effacer
enregistrer
éteindre
fermer
fonctionner
marcher
sonner

**Prepositions with
    the infinitive**
adorer
aimer
aller
détester
devoir
espérer
pouvoir
préférer
savoir
vouloir
aider à
s'amuser à
apprendre à
arriver à
commencer à
continuer à
hésiter à
se préparer à
réussir à
arrêter de
décider de
éviter de
finir de
s'occuper de
oublier de
permettre de
refuser de
rêver de
venir de

Unité 4
Leçon 4A

CONTEXTES

Mise en pratique

3 Écoutez Écoutez la conversation entre Jean-Pierre et Carole. Ensuite, complétez les phrases avec le bon mot.

JEAN-PIERRE Carole, je vais aller à la banque. Est-ce que tu as besoin de quelque chose en ville?

CAROLE Oui. Est-ce que tu peux aller faire des courses pour moi? Tu peux prendre le journal chez le marchand de journaux? J'ai aussi un colis à poster et j'ai besoin de timbres.

JEAN-PIERRE Pas de problème. Le bureau de poste et le marchand de journaux sont sur ma route.

NARRATEUR Jean-Pierre est maintenant à la banque.

JEAN-PIERRE Bonjour, Monsieur. J'ai de l'argent à déposer sur mon compte-chèques et sur mon compte d'épargne, s'il vous plaît.

L'EMPLOYÉ Oui, bien sûr, Monsieur. Voici les formulaires à remplir et à signer. Si vous avez besoin de liquide pendant le week-end, nous avons un nouveau distributeur de billets à l'extérieur.

JEAN-PIERRE Très bien, je vous remercie.

NARRATEUR Plus tard, à la maison…

CAROLE Alors, tu as fait mes courses?

JEAN-PIERRE Oui, voici le journal, mais je n'ai pas envoyé le colis. La machine ne fonctionnait pas. Je n'ai pas pu payer avec ma carte de crédit et je n'avais pas assez de liquide sur moi. Je suis désolé.

CAROLE Ce n'est pas grave. Je dois aller à la papeterie plus tard, je peux passer à la poste après.

LES SONS ET LES LETTRES

The letter h

You already know that the letter **h** is silent in French, and you are familiar with many French words that begin with an **h muet**. In such words, the letter **h** is treated as if it were a vowel. For example, the articles **le** and **la** become **l'** and there is a liaison between the final consonant of a preceding word and the vowel following the **h**.

l'heure, l'homme, des hôtels, des hommes

Some words begin with an **h aspiré**. In such words, the **h** is still silent, but it is not treated like a vowel. Words beginning with **h aspiré**, like these you've already learned, are not preceded by **l'** and there is no liaison.

la honte, les haricots verts, le huit mars,
les hors-d'œuvre

Words that begin with an **h aspiré** are normally indicated in dictionaries by some kind of symbol, usually an asterisk.

Prononcez Répétez les mots suivants à voix haute.
1. le hall
2. la hi-fi
3. l'humeur
4. la honte
5. le héron
6. l'horloge
7. l'horizon
8. le hippie
9. l'hilarité
10. la Hongrie
11. l'hélicoptère
12. les hamburgers
13. les hiéroglyphes
14. les hors-d'œuvre
15. les hippopotames
16. l'hiver

Articulez Répétez les phrases suivantes à voix haute.
1. Hélène joue de la harpe.
2. Hier, Honorine est allée à l'hôpital.
3. Le hamster d'Hervé s'appelle Henri.
4. La Havane est la capitale de Cuba.
5. L'anniversaire d'Héloïse est le huit mars.
6. Le hockey et le handball sont mes sports préférés.

Dictons Répétez les dictons à voix haute.
1. La honte n'est pas d'être inférieur à l'adversaire, c'est d'être inférieur à soi-même.
2. L'heure, c'est l'heure; avant l'heure, c'est pas l'heure; après l'heure, c'est plus l'heure.

Leçon 4B

CONTEXTES

Mise en pratique

1 Écoutez Écoutez cette conversation entre un touriste et une dame à qui il demande son chemin. Ensuite, dites si les affirmations suivantes sont **vraies** ou **fausses**.

TOURISTE Pardon, Madame, je suis perdu. Où se trouve l'hôtel Étoile, s'il vous plaît?

FEMME L'hôtel Étoile? Désolée, Monsieur, je ne sais pas. Avez-vous l'adresse?

TOURISTE Oui, c'est 37 rue de Rivoli.

FEMME Ah, ce n'est pas loin d'ici. Suivez cette avenue tout droit jusqu'au pont de Sully. Traversez le pont et continuez sur le boulevard Henri IV. Tournez à gauche sur la rue Saint-Antoine et tout au bout, c'est la rue de Rivoli.

TOURISTE Merci, Madame. J'espère pouvoir me souvenir de vos indications.

FEMME Voulez-vous appeler l'hôtel? Il y a une cabine téléphonique devant nous. Peut-être que quelqu'un peut venir vous chercher?

TOURISTE Non, je n'ai pas leur numéro de téléphone, je l'ai oublié à l'hôtel, mais, merci.

SYNTHÈSE

À l'écoute

Stratégie: *Using background information*
To help you practice this strategy, you will listen to a short paragraph. Jot down the subject of the paragraph, and then use your knowledge of the subject to listen for and write down the paragraph's main points.

La nuit dernière, il y a eu un cambriolage à la Banque Monet. Le directeur, Monsieur Dumais, a appelé le commissariat de police aussitôt qu'il est arrivé à la banque, vers huit heures trente ce matin. Pour l'instant, on ne sait pas encore combien d'argent a été volé.

À vous d'écouter

Écoutez la conversation entre Amélie et Christophe. Puis, écoutez une deuxième fois et notez les quatre choses qu'ils vont faire ce matin. Comparez vos notes avec celles d'un(e) camarade.

AMÉLIE Dis, Christophe, j'habite ici depuis un mois et je n'ai pas encore ouvert de compte en banque. Quelle banque est-ce que tu me recommandes?

CHRISTOPHE La Banque de l'Ouest. Elle est tout près d'ici et il y a un distributeur automatique ouvert 24 heures sur 24. Tu sais où elle se trouve?

AMÉLIE Non. Elle est où?

CHRISTOPHE Dans la rue Flaubert. Pour y aller, tu prends le boulevard Jean Jaurès et au carrefour, tu tournes à droite. La banque est à l'angle de la rue Victor Hugo, en face de la pharmacie.

AMÉLIE D'accord. Et je dois aussi acheter des livres pour la fac. Tu connais une bonne librairie?

CHRISTOPHE Oui, la meilleure, c'est la librairie Molière, dans l'avenue de la République. Alors, pour y aller de la banque, tu prends la rue du Ménil et au bout de la rue, tu traverses la place d'Armes. Ensuite, tu descends l'avenue Girard et tu tournes à droite, dans l'avenue de la République. Là-bas, tu trouveras la librairie, près du jardin public. Dis, est-ce que tu voudras bien faire une petite course pour moi?

AMÉLIE Oui, bien sûr.

CHRISTOPHE C'est dans le quartier. J'ai besoin de déposer ce formulaire à la mairie.

AMÉLIE OK. Elle est où, la mairie?

CHRISTOPHE Alors, la mairie est sur la place Bellevue. De la librairie, tu continues tout droit dans l'avenue de la République. Ensuite, tu prends à gauche, sur le boulevard Henri IV. Tu prends le pont Alexandre Dumas et la mairie sera juste là, de l'autre côté du pont, sur la place Bellevue.

AMÉLIE Bon, d'accord, pas de problème. Et toi, qu'est-ce que tu vas faire ce matin?

CHRISTOPHE Je vais aller à la laverie. J'ai plein de lessive à faire.

AMÉLIE Eh bien, bon courage, alors! À tout à l'heure.

CHRISTOPHE Salut!

VOCABULAIRE

You will now hear the vocabulary found in your textbook on the last page of this unit. Listen and repeat each French word or phrase after the speaker.

Retrouver son chemin
continuer
se déplacer
descendre
être perdu
monter
s'orienter
suivre
tourner
traverser
un angle
une avenue
un banc
un bâtiment
un boulevard
une cabine téléphonique
un carrefour
un chemin
un coin
des indications
un feu de signalisation
une fontaine

un office du tourisme
un pont
une rue
une statue
est
nord
ouest
sud

Pour donner des indications
au bout de
au coin de
autour de
jusqu'à
tout près de
tout droit

À la poste
poster une lettre
une adresse
une boîte aux lettres
une carte postale

un colis
le courrier
une enveloppe
un facteur
un timbre

À la banque
avoir un compte
   bancaire
déposer de l'argent
emprunter
payer en liquide
payer par carte
   de crédit
payer par chèque
retirer de l'argent
les billets
un compte-chèques
un compte d'épargne
une dépense
un distributeur
   automatique
un distributeur de
   billets
les pièces de monnaie
de la monnaie

En ville
accompagner
faire la queue
remplir un formulaire
signer
une banque
une bijouterie
une boutique
une brasserie
un bureau de poste
un cybercafé
une laverie
un marchand de
   journaux
une papeterie
un salon de beauté
un commissariat de
   police
une mairie
fermé
ouvert
ouverte

La négation
jamais
ne... aucun

ne... aucune
ne... jamais
ne... ni... ni
ne... personne
ne... plus
ne... que
ne... rien
pas de
personne
quelque chose

quelqu'un
rien
toujours

Verbes
apercevoir
s'apercevoir
croire
recevoir
voir

Unité 5
Leçon 5A

CONTEXTES

Mise en pratique

3 Écoutez Armand et Michel cherchent du travail. Écoutez leur conversation et répondez ensuite aux questions.

MICHEL Alors Armand, est-ce que tu as trouvé un travail pour l'été?

ARMAND Chut, je suis au téléphone!

MICHEL Oh, je suis désolé.

ARMAND Allô. Oui, bonjour Madame. C'est Armand Lemaire à l'appareil. Je vous appelle au sujet de l'annonce que j'ai lue dans le journal ce matin.

LA SECRÉTAIRE Oui, très bien. Pour le stage, il faut envoyer votre C.V. accompagné d'une lettre de motivation.

ARMAND En fait, je n'appelle pas pour le stage, mais pour le poste d'assistant.

LA SECRÉTAIRE Oh, excusez-moi. Dans ce cas, il vous faut appeler Monsieur Dupont, notre chef du personnel, pour prendre un rendez-vous et obtenir un entretien. Ne quittez pas. Je vous le passe.

LA SECRÉTAIRE Je suis désolée, mais ça ne répond pas. Je vous passe sa messagerie. Vous pouvez laisser un message avec votre numéro de téléphone.

ARMAND Je vous remercie, Madame.

NARRATOR Plus tard…

MICHEL Voilà, tu n'as plus besoin de chercher du travail! Je suis sûr qu'ils vont t'embaucher!

ARMAND Je préfère attendre. Et toi, comment ça va, ta recherche de travail?

MICHEL Je ne sais pas vraiment où postuler et je ne sais pas comment obtenir un entretien.

ARMAND Avec ta formation et ton expérience professionnelle, je pense que tu trouveras facilement un travail dans l'informatique. Tiens, regarde le journal, cette compagnie et cette autre entreprise-là recherchent des spécialistes dans ton domaine. En plus, je suis certain qu'elles offrent un bon salaire. Tiens, prends le combiné et appelle-les.

Leçon 5B

CONTEXTES

Mise en pratique

3 Écoutez Écoutez la conversation entre Henri et Margot, deux jeunes élèves et indiquez si les phrases suivantes sont **vraies** ou **fausses**.

HENRI Quand je serai grand, je serai chef d'entreprise. J'aiderai mes employés. Ils auront un salaire élevé et bien sûr l'assurance-maladie et les congés payés.

MARGOT Moi aussi, quand je serai grande, j'aiderai les gens, spécialement les ouvriers. Je serai femme politique. J'assisterai aux réunions des différents syndicats, j'écouterai

les besoins des chômeurs et je travaillerai pour développer les emplois.

LES SONS ET LES LETTRES

Les néologismes et le franglais

The use of words or neologisms of English origin in the French language is called **franglais**. These words often look identical to the English words, but they are pronounced like French words. Most of these words are masculine, and many end in **-ing**. Some of these words have long been accepted and used in French.

le sweat-shirt, le week-end, le shopping, le parking

Some words for foods and sports are very common, as are expressions in popular culture, business, and advertising.

un milk-shake, le base-ball, le top-modèle, le marketing

Many **franglais** words are recently coined terms, **néologismes**. These are common in contemporary fields, such as entertainment and technology. Some of these words do have French equivalents, but the **franglais** terms are used more often.

un e-mail, un courriel; le chat, la causette; une star, une vedette

Some **franglais** words do not exist in English at all, or they are used differently.

un brushing, un relooking, le zapping

Prononcez Répétez les mots suivants à voix haute.
1. flirter
2. un fax
3. cliquer
4. le look
5. un clown
6. le planning
7. un scanneur
8. un CD-ROM
9. le volley-ball
10. le shampooing
11. une speakerine
12. le chewing-gum

Articulez Répétez les phrases suivantes à voix haute.
1. Le cowboy porte un jean et un tee-shirt.
2. Julien joue au base-ball et il fait du footing.
3. J'ai envie d'un nouveau look, je vais faire du shopping.
4. Au snack-bar, je commande un hamburger, des chips et un milk-shake.
5. Tout ce qu'il veut faire, c'est rester devant la télé, dans le living et zapper!

Dictons Répétez les dictons à voix haute.
1. Ce n'est pas la star qui fait l'audience, mais l'audience qui fait la star.
2. Un gentleman est un monsieur qui se sert d'une pince à sucre, même lorsqu'il est seul.

SYNTHÈSE

À l'écoute

Stratégie: *Using background knowledge / Listening for specific information*

To practice these strategies, you will listen to a radio advertisement for a culinary school. Before you listen, make a list of the things you expect the advertisement to contain. Make another list of information you would listen for if you were considering this school. After listening, look at your lists. Did they help you anticipate the content of the advertisement and focus on key information?

Envie d'une nouvelle carrière? Notre école propose une formation exceptionnelle de cuisinier. Pendant deux ans, nos étudiants suivent des cours trois jours par semaine et les deux autres jours, ils font des stages dans de nombreux restaurants parisiens. Avec leur diplôme, tous nos étudiants trouvent un emploi bien payé, très facilement. N'hésitez pas, appelez l'École de Cuisine Rochefort au 01.42.34.67.90 pour plus d'informations.

À vous d'écouter

Écoutez la conversation. Après une deuxième écoute, complétez les notes du chef du personnel.

CHEF DU PERSONNEL Bonjour, Monsieur Martin. Entrez.
MONSIEUR MARTIN Bonjour, Madame.
CHEF DU PERSONNEL Alors, voyons… C'est l'emploi de chercheur en biologie qui vous intéresse, c'est bien cela?
MONSIEUR MARTIN Oui, Madame, c'est exact.
CHEF DU PERSONNEL Et vous avez une maîtrise en biologie. Avez-vous déjà de l'expérience professionnelle dans ce domaine?

MONSIEUR MARTIN Oui, après mon diplôme, j'ai fait un stage de six mois au Laboratoire Roche pendant lequel j'ai travaillé comme chercheur. Ensuite, j'ai encore travaillé comme chercheur pour une entreprise de médicaments, mais malheureusement, j'ai perdu mon emploi.
CHEF DU PERSONNEL Et depuis, vous travaillez à l'Hôpital Saint-Jean?
MONSIEUR MARTIN Oui, j'ai été embauché en mars, mais ce travail est un emploi à mi-temps et je désire travailler à plein temps. C'est pour cette raison que je vous ai envoyé mon CV.
CHEF DU PERSONNEL Ah, d'accord… Si vous êtes choisi, vous devrez voyager à l'étranger deux fois par mois, parce que nous avons des bureaux dans plusieurs pays d'Europe. Est-ce que cela vous posera des problèmes?
MONSIEUR MARTIN Non, pas du tout. Je suis prêt à aller à l'étranger quand cela sera nécessaire et j'aime beaucoup voyager.
CHEF DU PERSONNEL Très bien. Vous savez, ce poste est très exigeant, mais si vous êtes travailleur, vous aurez la possibilité d'obtenir des promotions et vous serez très bien payé. Bien sûr, vous aurez cinq semaines de congés payés et la mutuelle de l'entreprise. Notre compagnie offre en plus la possibilité d'avoir une augmentation de salaire tous les six mois. Avez-vous des questions?
MONSIEUR MARTIN Oui. Si je suis choisi, quand est-ce que je commencerai?
CHEF DU PERSONNEL Le mois prochain. Je vous contacterai dans la semaine si vous êtes choisi.
MONSIEUR MARTIN Bon. Merci, Madame. Au revoir.
CHEF DU PERSONNEL Au revoir.

VOCABULAIRE

You will now hear the vocabulary found in your textbook on the last page of this unit. Listen and repeat each French word or phrase after the speaker.

Au travail
démissionner
diriger
être au chômage
être bien payé
être mal payé
gagner
prendre un congé
renvoyer
une carrière
un emploi à mi-temps
un emploi à temps partiel
un emploi à plein temps
un employé
une employée
un niveau
un patron

une patronne
une profession exigeante
un retraité
une retraitée
une réunion
une réussite
un syndicat
une assurance-maladie
une assurance-vie
une augmentation de salaire
une promotion

Vocabulaire supplémentaire
dès que
quand
lequel
lesquels
laquelle
lesquelles

Pronoms relatifs
dont
où
que
qui

Qualifications
un domaine
une expérience
  professionnelle
une formation
une lettre de
  recommandation
une mention
une référence
un spécialiste
une spécialiste
un stage

Les métiers
un agent immobilier
un agriculteur
une agricultrice
un banquier
une banquière
un cadre
une femme cadre
un chauffeur de taxi

un chauffeur de camion
un chef d'entreprise
un chercheur
une chercheuse
un comptable
une comptable
un conseiller
une conseillère
un cuisinier
une cuisinière
un électricien
une électricienne
une femme au foyer
un gérant
une gérante
un homme politique
une femme politique
un ouvrier
une ouvrière
un plombier
un pompier
une femme pompier
un psychologue
une psychologue
un vétérinaire
une vétérinaire

La recherche d'emploi
chercher un travail
chercher du travail
embaucher
faire des projets
lire les annonces
obtenir
passer un entretien
postuler
prendre un rendez-vous
trouver un travail
trouver du travail
un candidat
une candidate
un chef du personnel
un chômeur
une chômeuse
une compagnie
un conseil
un curriculum vitae
un CV
une entreprise
une lettre de motivation
un métier
un poste

un salaire élevé
un salaire modeste

Au téléphone
appeler
décrocher
laisser un message
patienter
raccrocher
l'appareil
le combiné
la messagerie
un numéro de téléphone
une télécarte
Allô
Qui est à l'appareil?
C'est de la part de qui?
C'est M./Mme/Mlle … à
  l'appareil.
Ne quittez pas.

Unité 6
Leçon 6A

CONTEXTES

Mise en pratique

1 Écoutez Écoutez l'annonce radio suivante. Ensuite, complétez les phrases avec le mot ou l'expression qui convient le mieux.

L'écologie, c'est l'affaire de tous! Aidez-nous à préserver et à améliorer l'environnement. Tout commence avec le ramassage des ordures: recyclez vos emballages en plastique et en papier! Ne polluez pas: votre centre de recyclage local est là pour s'occuper de vos déchets toxiques. Ne gaspillez pas l'eau, surtout en cette période de réchauffement de la Terre: comment? Prenez des douches plus courtes! Nous vous rappelons également qu'une loi interdit de laver sa voiture dans certaines régions de France quand il fait extrêmement chaud l'été. Ne gaspillez pas non plus l'énergie: faites attention à la consommation inutile d'énergie de vos appareils électriques. Enfin, évitez d'acheter des produits qui peuvent mettre l'environnement en danger: choisissez des produits écologiques. Ensemble, nous sommes plus forts! Nous développons et proposons des solutions simples. Alors, la prochaine fois que vous entendrez parler de pluies acides, de trou dans la couche d'ozone, de l'effet de serre, de pollution et de catastrophe écologique, vous pourrez être fier de dire que vous faites partie de la solution.

Ceci était un message de l'agence nationale pour la protection de l'environnement.

LES SONS ET LES LETTRES

French and English spelling

You have seen that many French words only differ slightly from their English counterparts. Many differ in predictable ways. English words that end in -*y* often end in -*ie* in French.

   biologie, psychologie, énergie, écologie

English words that end in -*ity* often end in -ité in French.

   qualité, université, cité, nationalité

French equivalents of English words that end in -*ist* often end in -iste.

   artiste, optimiste, pessimiste, dentiste

French equivalents of English words that end in -*or* and -*er* often end in -eur. This tendency is especially common for words that refer to people.

   docteur, acteur, employeur, agriculteur

Other English words that end in -*er* end in -re in French.

   centre, membre, litre, théâtre

Other French words vary in ways that are less predictable, but they are still easy to recognize.

   problème, orchestre, carotte, calculatrice

Prononcez Répétez les mots suivants à voix haute.
1. tigre
2. bleu
3. lettre
4. salade
5. poème
6. banane
7. tourisme
8. moniteur
9. pharmacie
10. écologiste
11. conducteur
12. anthropologie

Articulez Répétez les phrases suivantes à voix haute.
1. Ma cousine est vétérinaire.
2. Le moteur ne fonctionne pas.
3. À la banque, Carole paie par chèque.
4. Mon oncle écrit l'adresse sur l'enveloppe.
5. À la station-service, le mécanicien a réparé le moteur.

Dictons Répétez les dictons à voix haute.
1. On reconnaît l'arbre à son fruit.
2. On ne fait pas d'omelette sans casser des œufs.

Leçon 6B

CONTEXTES

Mise en pratique

3 Écoutez Écoutez Armand parler de quelques-unes de ses expériences avec la nature. Après une deuxième écoute, écrivez les termes qui se réfèrent au ciel, à la terre et aux plantes.

Moi, j'adore la nature. Quand j'ai le temps, je quitte la vie en ville et je fais de l'écotourisme. C'est l'idéal pour profiter de la nature et protéger l'environnement en même temps. Je n'aime pas aller à la pêche parce qu'il y a déjà beaucoup de poissons qui sont en danger d'extinction. J'aime beaucoup les forêts tropicales. L'année dernière, je suis allé visiter la forêt tropicale du Cameroun. C'était magnifique! Il y avait des espèces d'arbres et de fleurs variées et j'ai marché des heures dans des sentiers très différents. Aussi, quand je peux, je vais rendre visite à mon grand-père pour me reposer. Il habite à la campagne. Le soir, on peut se coucher dans l'herbe et regarder les étoiles et la Lune.

LES SONS ET LES LETTRES

Homophones

Many French words sound alike, but are spelled differently. As you have already learned, sometimes the only difference between two words is a diacritical mark. Other words that sound alike have more obvious differences in spelling.

   a, à; ou, où; sont, son; en, an

Several forms of a single verb may sound alike. To tell which form is being used, listen for the subject or words that indicate tense.

je parle, tu parles, ils parlent

vous parlez, j'ai parlé, je vais parler

Many words that sound alike are different parts of speech. Use context to tell them apart.

Ils sont belges.

C'est son mari.

Tu vas en France?

Il a un an.

You may encounter multiple spellings of words that sound alike. Again, context is the key to understanding which word is being used.

je peux, elle peut, peu;

le foie, la foi, une fois;

haut, l'eau, au

Prononcez Répétez les paires de mots suivants à voix haute.

1. ce   se
2. leur   leurs
3. né   nez
4. foi   fois
5. ces   ses
6. vert   verre
7. au   eau
8. peut   peu
9. où   ou
10. lis   lit
11. quelle   qu'elle
12. c'est   s'est

Choisissez Choisissez le mot qui convient à chaque phrase.

1. Je lis le journal tous les jours.
2. Son chien est sous le lit.
3. Corinne est née à Paris.
4. Elle a mal au nez.

Jeux de mots Répétez les jeux de mots à voix haute.

1. Le ver vert va vers le verre.
2. Mon père est maire, mon frère est masseur.

VOCABULAIRE

You will now hear the vocabulary found in your textbook on the last page of this unit. Listen and repeat each French word or phrase after the speaker.

La nature
un espace
une espèce menacée
la nature
un pique-nique

SYNTHÈSE

À l'écoute

Stratégie: *Listening for the gist/Listening for cognates*
To practice these strategies, you will listen to a short paragraph. Write down the gist of what you hear and jot down a few cognates. What conclusions can you draw about what you heard?

Les Français choisissent de plus en plus de passer des vacances «vertes», c'est-à-dire des vacances qui proposent des activités d'écotourisme. Ces voyages, qui sont souvent des voyages organisés, permettent à leurs participants de passer du temps dans la nature et de découvrir ce qu'ils peuvent faire pour contribuer plus activement à la protection de notre planète.

À vous d'écouter

Écoutez la personne qui a organisé la manifestation et encerclez les sujets mentionnés.

Bonjour à tous et merci beaucoup d'être venus participer à notre manifestation aujourd'hui. Si nous travaillons tous ensemble, nous pourrons trouver des solutions concrètes pour moins polluer notre environnement. Tout d'abord, il est essentiel que nous prenions tous l'habitude de trier nos déchets. Le verre et beaucoup d'autres emballages ménagers peuvent être recyclés. Il est aussi indispensable que vous achetiez des produits emballés dans des emballages recyclables. Ils aident à combattre la pollution de notre planète. Il est aussi nécessaire d'éviter le gaspillage. Ces suggestions sont un bon début, mais malheureusement, nous ne pouvons pas réussir seuls. Il faut absolument que notre gouvernement fasse plus d'efforts en ce qui concerne le recyclage et le ramassage des ordures. Il est également nécessaire que tous les gouvernements d'Europe ainsi que ceux des autres pays et continents fassent passer des lois beaucoup plus strictes en ce qui concerne les déchets toxiques. Nous ne voulons plus de déchets toxiques dans nos rivières ni dans nos océans! La pollution de l'eau, comme celle du reste de la Terre, est un véritable danger qu'il faut prendre très au sérieux. Trop d'espèces aussi sont en train de disparaître et je souhaite qu'aujourd'hui, nous promettions tous d'essayer de faire plus d'efforts pour favoriser l'écologie. Je propose en plus que nous écrivions tous au ministre de l'environnement pour demander des changements dès aujourd'hui!

une région
une ressource naturelle
un arbre
un bois
un champ
le ciel
une côte
un désert
une étoile

une falaise
un fleuve
une forêt tropicale
l'herbe
une île
la jungle
un lac
la Lune
une pierre
une plante
une rivière
un sentier
une vallée
un volcan
en plein air
pur

Verbes de volonté
demander que...
désirer que...
exiger que...
préférer que...
proposer que...
recommander que...
souhaiter que...
suggérer que...
vouloir que...

L'écologie
améliorer
chasser
développer
gaspiller

jeter
polluer
préserver
prévenir l'incendie
proposer une solution
recycler
sauver la planète
une catastrophe
une centrale nucléaire
la chasse
le covoiturage
un danger
le déboisement
des déchets toxiques
l'écologie
l'écotourisme
l'effet de serre
un emballage en plastique
l'énergie nucléaire
l'énergie solaire
l'environnement
l'extinction
le gaspillage
un glissement de terrain
un nuage de pollution
la pluie acide
la pollution
une population croissante
la préservation
un produit
la protection
le ramassage des ordures

le réchauffement
   climatique
le recyclage
le sauvetage des habitats
   naturels
la surpopulation
le trou dans la couche
   d'ozone
une usine
écologique

Les animaux
un animal
un écureuil
un lapin
un serpent
une vache

**Les lois et les
   règlements**
abolir
interdire
un gouvernement
une loi

Pronoms démonstratifs
celui
ceux
celle
celles

**Expressions
   impersonnelles**
Il est bon que...

Il est dommage que...
Il est essentiel que...
Il est important que...
Il est indispensable
   que...
Il est nécessaire que...
Il est possible que...
Il faut que...
Il vaut mieux que...

**Verbs and expressions
   of emotion**
aimer que...
avoir peur que...
être content que...
être contente que...
être désolé que...
être furieux que...
être furieuse que...
être heureux que...
être heureuse que...
être surpris que...
être surprise que...
être triste que...
regretter que...

**Comparatives and
   superlatives of nouns**
plus de
moins de
autant de

CONTEXTES

Mise en pratique

3 Écoutez Écoutez la conversation entre Hakim et Nadja pendant le spectacle de *Notre-Dame de Paris*, ensuite indiquez la bonne réponse.

L'EMPLOYÉ Soyez les bienvenus à «**Notre-Dame de Paris**». Vos billets, s'il vous plaît.

NADJA Oui, tenez.

L'EMPLOYÉ Si vous voulez bien me suivre. Voici vos places.

HAKIM C'est parfait. On n'est pas loin de l'orchestre. On pourra profiter de tous les détails du spectacle.

NADJA Ce soir, c'est la première de cette comédie musicale. C'est aussi les débuts de Julie Zenatti dans un des rôles principaux.

HAKIM Tu sais qui est le metteur en scène?

NADJA Oui. C'est Gilles Maheu. Pourquoi?

HAKIM Juste pour savoir. Oh, regarde! Le spectacle va commencer. On continuera de parler à l'entracte.

NARRATOR Un peu plus tard...

HAKIM Tu ne m'avais pas dit qu'en plus de chansons, il y aurait de la danse.

NADJA Tu n'aimes pas ce genre de spectacle?

HAKIM Si, j'adore. J'ai même mal aux mains tellement j'ai applaudi. Ça me donne envie de faire partie de la troupe. Je pourrais peut-être jouer un petit rôle, non?

NADJA Je ne suis pas sûre. Tu sais, il faut être très bon danseur. Et puis, en plus, tu ne fais pas de musique...

HAKIM Ce n'est pas vrai. Je te rappelle que je joue de la guitare.

NADJA Ah, oui... Tu peux toujours te présenter à une audition, mais ne t'attends pas à beaucoup d'applaudissements.

HAKIM Eh bien, si c'est comme ça, tu n'auras pas de place pour mon premier concert!

LES SONS ET LES LETTRES

Les liaisons obligatoires et les liaisons interdites

Rules for making liaisons are complex, and have many exceptions. Generally, a liaison is made between pronouns, and between a pronoun and a verb that begins with a vowel or vowel sound.

> vous en avez, nous habitons, ils aiment, elles arrivent

Make liaisons between articles, numbers, or the verb **est** and a noun or adjective that begins with a vowel or a vowel sound.

> un éléphant, les amis, dix hommes, Roger est enchanté.

There is a liaison after many single-syllable adverbs, conjunctions, and prepositions.

> très intéressant, chez eux, quand elle, quand on décidera

Many expressions have obligatory liaisons that may or may not follow these rules.

> C'est-à-dire..., Comment allez-vous?, plus ou moins, avant-hier

Never make a liaison before or after the conjunction **et** or between a noun and a verb that follows it. Likewise, do not make a liaison between a singular noun and an adjective that follows it.

> un garçon et une fille, Gilbert adore le football, un cours intéressant

There is no liaison before **h aspiré** or before the word **oui** and before numbers.

> un hamburger, les héros, un oui et un non, mes onze animaux

Prononcez Répétez les mots suivants à voix haute.
1. les héros
2. mon petit ami
3. un pays africain
4. les onze étages

Articulez Répétez les phrases suivantes à voix haute.
1. Ils en veulent onze.
2. Vous vous êtes bien amusés hier soir?
3. Christelle et Albert habitent en Angleterre.
4. Quand est-ce que Charles a acheté ces objets?

Dictons Répétez les dictons à voix haute.
1. Deux avis valent mieux qu'un.
2. Les murs ont des oreilles.

Leçon 7B

CONTEXTES

Mise en pratique

3 Écoutez Écoutez la conversation entre Nora et Jeanne et indiquez si Nora (N), Armand (A), Jeanne (J) ou Charles (C) ont fait les choses suivantes.

JEANNE Salut Nora, es-tu allée au Festival des beaux-arts et de la littérature de l'université?

NORA Oui, j'y suis allée avec Armand. Nous nous sommes bien amusés. D'abord, nous avons vu une exposition d'art contemporain d'artistes locaux. Après, nous avons assisté à une critique des œuvres littéraires d'Assia Djebar, tu sais, la femme écrivain algérienne. À la fin de la présentation, Armand était tellement intéressé par ses œuvres que nous sommes allés à la librairie pour acheter un de ses romans. Et toi, y es-tu allée? Je ne t'ai pas vue.

JEANNE Malheureusement, non. Tu sais que Charles n'aime pas vraiment l'art. Pour lui, c'est ennuyeux, sauf le cinéma. Nous sommes restés à la maison et nous avons vu deux films. J'ai choisi un drame psychologique et lui, un film d'aventures. C'était bien. Après ça, j'ai fait de la peinture et Charles s'est endormi. Il m'a promis que le week-end prochain, il ferait les musées avec moi quand nous serons en Italie.

LES SONS ET LES LETTRES

Les abréviations

French speakers use many acronyms. This is especially true in newspapers, televised news programs, and in political discussions. Many stand for official organizations or large companies.

> **EDF,** Électricité de France
>
> **ONU,** Organisation des Nations Unies

People often use acronyms when referring to geographical place names and transportation.

> **É-U,** États-Unis
>
> **RF,** République Française
>
> **RN,** Route Nationale
>
> **TGV,** Train à Grande Vitesse

Many are simply shortened versions of common expressions or compound words.

> **SVP,** S'il Vous Plaît
>
> **RV,** Rendez-Vous
>
> **RDC,** Rez-De-Chaussée

When speaking, some acronyms are spelled out, while others are pronounced like any other word.

> **CEDEX,** Courrier d'Entreprise à Distribution Exceptionnelle

Prononcez Répétez les abréviations suivantes à voix haute.
1. W-C = *Water-Closet*
2. HS = Hors Service
3. VF = Version Française
4. CV = Curriculum Vitae
5. TVA = Taxe à la Valeur Ajoutée
6. DELF = Diplôme d'Études en Langue Française
7. RATP = Régie Autonome des Transports Parisiens
8. SMIC = Salaire Minimum Interprofessionnel de Croissance

Assortissez-les Répétez les abréviations à voix haute. Que représentent-elles?

1. ECP	a. objet volant non identifié
2. GDF	b. toutes taxes comprises
3. DEUG	c. président-directeur général
4. TTC	d. école centrale de Paris
5. PDG	e. gaz de France
6. OVNI	f. diplôme d'études universitaires générales

Expressions Répétez les expressions à voix haute.
1. **RSVP** Répondez, s'il vous plaît.
2. Elle est **BCBG** Bon chic bon genre.

SYNTHÈSE

À l'écoute

Stratégie: *Listening for key words/Using the context*

To practice these strategies, you will listen to a paragraph from a letter sent to a job applicant. Jot down key words, as well as any other words you figured out from the context.

Monsieur,

Nous vous remercions de votre lettre de candidature pour le poste d'ingénieur informatique et pour l'intérêt que vous portez à notre compagnie. Malheureusement, nous regrettons de vous informer que nous avons déjà retenu un candidat pour cet emploi.

Nous vous prions, d'agréer, Monsieur, l'expression de nos sentiments distingués.

À vous d'écouter

Vous êtes en France et vous voulez inviter un ou une amie à sortir ce week-end. Vous écoutez la radio et vous entendez une annonce pour un spectacle qui plaira peut-être à votre ami(e). Notez les informations principales pour pouvoir ensuite décrire ce spectacle à votre ami(e) et pour lui dire quand vous pourrez aller le voir.

Les amateurs de Molière ne doivent surtout pas manquer *L'Avare* au Théâtre Monfort. Le metteur en scène, Yves Lemoîne, réinvente ce grand classique avec beaucoup de créativité. Avec dans le rôle d'Harpagon, le personnage principal qui a toujours peur qu'on lui prenne son argent, Julien Roche; un jeune comédien très talentueux qui a fait ses débuts il y a trois ans avec la troupe Comédia. *L'Avare* est une comédie très amusante et je suis certain que cette adaptation aura un grand succès. La première représentation a eu lieu hier soir et déjà les applaudissements étaient nombreux et enthousiastes. La pièce a aussi reçu une critique très positive dans le journal *Le Monde*. Si vous souhaitez voir *L'Avare* par Yves Lemoîne, les billets sont en vente au guichet du théâtre tous les jours de 10h00 à 18h00. Il y a deux représentations le vendredi et le samedi, à 19h00 et à 21h30 et une, à 14h00 le dimanche.

VOCABULAIRE

You will now hear the vocabulary found in your textbook on the last page of this unit. Listen and repeat each French word or phrase after the speaker.

Aller au spectacle
applaudir
présenter
profiter de quelque chose
un applaudissement
une chanson
un chœur
une comédie musicale
un concert
une danse
le début
un entracte
un festival
la fin
un genre
un opéra
une pièce de théâtre
une place
une séance
une sorte
un spectateur
une spectatrice
une tragédie
gratuit
gratuite

Le cinéma et la télévision
un dessin animé
un documentaire
un drame psychologique
une émission de télévision
un feuilleton
un film d'aventures
un film d'horreur
un film policier
un film de science-fiction
une histoire
les informations
les infos
un jeu télévisé

la météo
les nouvelles
un programme
une publicité
une pub
les variétés
à la radio
à la télévision
à la télé

Expressions de doute et de certitude
douter que…
ne pas croire que…
ne pas penser que…
Il est douteux que…
Il est impossible que…
Il n'est pas certain que…
Il n'est pas sûr que…
Il n'est pas vrai que…
croire que…
penser que…
savoir que…
Il est certain que…
Il est clair que…
Il est évident que…
Il est sûr que…
Il est vrai que…

Les artistes
faire de la musique
faire de la peinture
jouer un rôle
jouer de la batterie
jouer de la guitare
jouer du piano
jouer du violon
un auteur
une femme auteur

un compositeur
un danseur
une danseuse
un dramaturge
un écrivain
une femme écrivain
un membre
un metteur en scène
un orchestre
un peintre
une femme peintre
un personnage principal
un poète
une poétesse
un réalisateur
une réalisatrice
un sculpteur
une femme sculpteur
une troupe
célèbre
doué

Les arts
faire les musées
publier
les beaux-arts
un chef-d'œuvre
un conte
une critique
une exposition
un magazine
une œuvre
une peinture
un poème
un roman
une sculpture
un tableau
ancien
ancienne
littéraire
récent
récente

Conjonctions suivies du subjonctif
à condition que…
à moins que…
avant que…
jusqu'à ce que…
pour que…
sans que…

Possessive pronouns
le mien
la mienne
le tien
la tienne
le sien
la sienne
le nôtre
la nôtre
le vôtre
la vôtre
le leur
la leur
les miens
les miennes
les tiens
les tiennes
les siens
les siennes
les nôtres
les vôtres
les leurs

Unité Préliminaire

LA VISITE SURPRISE

ACTION

In town, Pascal drops his bouquet.

PASCAL (*setting the suitcase down on his own foot as he bends down to pick up the flowers*) Aïe!

RACHID (*picking up the flowers and handing them to Pascal*) Tenez.

PASCAL Oh, merci. (*stepping on Rachid's toes as he takes the flowers*)

RACHID Aïe!

PASCAL Oh pardon, je suis vraiment désolé!

RACHID Ce n'est rien.

PASCAL Bonne journée!

Rachid and Pascal part ways.

At Sandrine's…

The doorbell rings.

RACHID Ah, Bonjour!

SANDRINE Bonjour, ça va?

RACHID Oui, merci. Eh, Salut, David!

DAVID Salut.

RACHID (*looking around the room, gives an impressed whistle*) Dis donc, ce n'est pas un logement d'étudiants ici! C'est grand chez toi! Tu ne déménages pas, finalement?

DAVID Heureusement, Sandrine a décidé de rester.

SANDRINE Oui, je suis bien dans cet appartement. Seulement les loyers sont très chers au centre-ville.

RACHID Oui, malheureusement! Tu as combien de pièces?

SANDRINE Il y a trois pièces: le salon, la salle à manger, ma chambre. Bien sûr il y a une cuisine et j'ai aussi une grande salle de bains. Je te fais visiter?

RACHID Oui, merci.

SANDRINE Voici la salle à manger.

RACHID Ça, c'est une pièce très importante pour nous, les invités.

SANDRINE Et puis, la cuisine.

RACHID Une pièce très importante pour Sandrine…

DAVID Évidemment!

SANDRINE Et voici ma chambre.

RACHID Elle est belle!

SANDRINE Oui… j'aime le vert.

RACHID Dis, c'est vrai, Sandrine, ta salle de bains est vraiment grande.

DAVID Oui! Et elle a un beau miroir au-dessus du lavabo et une baignoire!

RACHID Chez nous, on a seulement une douche.

SANDRINE Moi, je préfère les douches en fait.

They all return to the living room.

The phone rings.

SANDRINE Allô? (*stepping aside to talk on the phone*)

RACHID Comparé à cet appartement, le nôtre, c'est une cave! Pas de décorations, juste des affiches, un canapé, des étagères et mon bureau.

DAVID C'est vrai. On n'a même pas de rideaux.

David and Rachid laugh momentarily.

SANDRINE Mais Pascal… je pensais que tu avais du travail… Quoi? Tu es où? Ici à Aix?! Tu es ici, maintenant? C'est une blague!

PASCAL Mais ma chérie, j'ai pris le train pour te faire une surprise…

SANDRINE Une surprise! Nous deux, c'est fini! D'abord, tu me dis que les vacances avec moi c'est impossible et ensuite tu arrives à Aix sans me téléphoner!

PASCAL Bon, si c'est comme ça, reste où tu es. Ne descends pas. Moi, je m'en vais. Voilà tes fleurs. Tu parles d'une surprise!

Pascal storms off. Sandrine goes back into her apartment in a huff.

REPRISE

In this episode, you heard the characters:

• Talk about housing and furniture

RACHID Tu as combien de pièces?

SANDRINE Il y a trois pièces: le salon, la salle à manger, ma chambre. Bien sûr il y a une cuisine et j'ai aussi une grande salle de bains.

RACHID Comparé à cet appartement, le nôtre c'est une cave! Pas de décorations, juste des affiches, un canapé, des étagères et mon bureau.

DAVID C'est vrai. On n'a même pas de rideaux.

• And use the **passé composé** and the **imparfait**

SANDRINE Mais Pascal… je pensais que tu avais du travail… Quoi? Tu es où? Ici à Aix?! Tu es ici, maintenant? C'est une blague!

PASCAL Mais ma chérie, j'ai pris le train pour te faire une surprise…

Leçon PB

LA VIE SANS PASCAL

ACTION

At the P'tit Bistrot...

MICHÈLE Tout va bien, Amina?

AMINA Oui, ça va, merci. (*On the phone*) Allô?... Mais qu'est-ce qu'il y a, Sandrine?... Non, je ne le savais pas, mais franchement, ça ne me surprend pas... Écoute, j'arrive chez toi dans quinze minutes, d'accord? ... À tout à l'heure!

Amina closes her laptop and gathers her things.

MICHÈLE Je débarrasse la table?

AMINA Oui, merci et apporte-moi l'addition, s'il te plaît.

MICHÈLE Tout de suite.

Valérie is at the bar of the café, asking Stéphane about his chores.

VALÉRIE Stéphane, tu as fait ton lit ce matin?

STÉPHANE Oui, maman.

VALÉRIE Et est-ce que tu as rangé ta chambre?

STÉPHANE Euh... oui, ce matin pendant que tu faisais la lessive.

VALÉRIE Hmm... et la vaisselle? Tu as fait la vaisselle?

STÉPHANE Non, pas encore, mais...

MICHÈLE Il me faut l'addition pour la table d'Amina. (*Valérie gives her the bill.*) Merci.

Stéphane starts to leave.

VALÉRIE Stéphane, tu dois faire la vaisselle avant de sortir.

STÉPHANE Bon ça va, j'y vais!

VALÉRIE J'aime mieux ça! Ah Michèle, il faut sortir les poubelles pour ce soir!

MICHÈLE Oui, comptez sur moi, Madame Forestier.

VALÉRIE Très bien! Eh bien moi, je rentre, il est l'heure de préparer le dîner.

At Sandrine's...

AMINA Salut, Sandrine!

SANDRINE Salut, Amina. Merci d'être venue.

AMINA Mmmm. Qu'est-ce qui sent si bon?

SANDRINE Il y a des biscuits au chocolat dans le four.

AMINA Est-ce que tu les préparais quand tu m'as téléphoné?

SANDRINE Oui. Tu as soif?

AMINA Un peu, oui.

SANDRINE Sers-toi, j'ai des jus de fruits au frigo.

Sandrine breaks a plate.

SANDRINE Et zut!

AMINA Ça va, Sandrine?

SANDRINE Oui, oui... passe-moi le balai, s'il te plaît.

AMINA N'oublie pas de balayer sous la cuisinière.

SANDRINE Je sais! Excuse-moi, Amina. Comme je t'ai dit au téléphone, Pascal et moi, c'est fini. Il était tellement pénible. Bref je suis de mauvaise humeur aujourd'hui.

AMINA Ne t'en fais pas, je comprends.

SANDRINE Toi, tu as de la chance.

AMINA Pourquoi tu dis ça?

SANDRINE Tu as ton Cyberhomme. Tu vas le rencontrer un de ces jours?

AMINA Oh... Je ne sais pas si c'est une bonne idée.

SANDRINE Pourquoi pas?

AMINA Sandrine, il faut être prudent dans la vie, je ne le connais pas vraiment, tu sais.

SANDRINE Comme d'habitude, tu as raison. Mais finalement, un cyberhomme c'est peut-être mieux qu'un petit ami. Ou alors un petit ami artistique, charmant et beau garçon.

AMINA Et américain?

REPRISE

In this episode, you heard the characters:

• Talk about household chores

VALÉRIE Stéphane, tu as fait ton lit ce matin?

STÉPHANE Oui, maman.

VALÉRIE Et est-ce que tu as rangé ta chambre?

STÉPHANE Euh... oui, ce matin pendant que tu faisais la lessive.

VALÉRIE Hmm... et la vaisselle? Tu as fait la vaisselle?

STÉPHANE Non, pas encore, mais...

• Use the **passé composé** and the **imparfait**

SANDRINE Il y a des biscuits au chocolat dans le four.

AMINA Est-ce que tu les préparais quand tu m'as téléphoné?

• And use the verbs **savoir** and **connaître**

SANDRINE Tu as ton Cyberhomme. Tu vas le rencontrer un de ces jours?

AMINA Oh... Je ne sais pas si c'est une bonne idée.

SANDRINE Pourquoi pas?

AMINA Sandrine, il faut être prudent dans la vie, je ne le connais pas vraiment, tu sais.

Roman-photo Videoscript

Unité 1

AU SUPERMARCHÉ

ACTION

At the supermarket...

AMINA Mais quelle heure est-il?

DAVID Il est deux heures et demie.

AMINA Sandrine devait être là à deux heures et quart. On l'attend depuis quinze minutes!

DAVID Elle va arriver!

AMINA Mais pourquoi est-elle en retard?

DAVID Elle vient peut-être juste de sortir de la fac.

In town...

STÉPHANE Eh! Sandrine!

SANDRINE Salut, Stéphane, je suis très pressée! David et Amina m'attendent au supermarché depuis vingt minutes.

STÉPHANE À quelle heure est-ce qu'on doit venir ce soir, ma mère et moi?

SANDRINE Ben, disons à sept heures et demie.

STÉPHANE D'accord. Qu'est-ce qu'on peut apporter?

SANDRINE Oh, rien, rien.

STÉPHANE Mais, maman insiste.

SANDRINE Bon, une salade, si tu veux.

STÉPHANE Mais quoi comme salade?

SANDRINE Euh, une salade de tomates ou... peut-être une salade verte... Désolée, Stéphane, je suis vraiment pressée!

STÉPHANE Une salade avec du thon peut-être? Maman fait une salade au thon délicieuse!

SANDRINE Comme tu veux, Stéphane!

Sandrine arrives outside the supermarket to find David and Amina waiting for her.

SANDRINE Je sais, je suis en retard... Je suis vraiment désolée. Je ne voulais pas vous faire attendre, mais je viens de rencontrer Stéphane qui m'a posé beaucoup de questions. Et avant ça, mon prof de français m'a retenue pendant vingt minutes!

DAVID Oh, ce n'est pas grave! Après tout, tu vas nous préparer un bon petit repas ce soir.

AMINA C'est vrai. C'est très gentil de ta part. Bon, on fait les courses?

They enter the supermarket.

AMINA Alors, Sandrine. Qu'est-ce que tu vas nous préparer?

SANDRINE Un repas très français. Je pensais à des crêpes.

DAVID Génial, j'adore les crêpes!

SANDRINE Alors, il nous faut des champignons, du jambon et du fromage. Et, bien sûr des œufs, du lait et du beurre. Et puis non! Finalement, je vous prépare un bœuf bourguignon.

AMINA Qu'est-ce qu'il nous faut alors?

SANDRINE Du bœuf, des carottes, des oignons...

DAVID Mmm... Ça va être bon!

AMINA Mais le bœuf bourguignon, c'est long à préparer, non?

SANDRINE Tu as raison. Vous ne voulez pas plutôt un poulet à la crème et aux champignons accompagné d'un gratin de pommes de terre?

AMINA et DAVID Mmmm!

SANDRINE Alors c'est décidé. Voilà, exactement ce qu'il me faut pour commencer! Deux beaux poulets!

AMINA Tu sais, Sandrine, le chant, c'est bien, mais tu peux devenir chef de cuisine si tu veux!

CAISSIÈRE Ça vous fait 51 euros et 25 centimes, s'il vous plaît.

AMINA Cinquante et un euros et 25 centimes?! C'est cher!

SANDRINE C'est normal, on est six pour dîner. *(taking out her wallet)*

DAVID Ah non, Sandrine, tu ne paies rien du tout, tu es le chef, c'est pour nous!

SANDRINE Mais, c'est mon dîner! Et vous êtes mes invités.

AMINA Pas question, Sandrine. C'est nous qui payons!

CAISSIÈRE Merci, bonne journée.

AMINA Merci.

SANDRINE Au revoir.

DAVID Bonne journée.

REPRISE

In this episode, you heard the characters:

• Discuss food

SANDRINE Il nous faut des champignons, du jambon et du fromage. Et, bien sûr des œufs, du lait et du beurre.

AMINA Qu'est-ce qu'il nous faut alors?

SANDRINE Du bœuf, des carottes, des oignons...

• Use the verb **venir** and the **passé récent**

SANDRINE Je ne voulais pas vous faire attendre, mais je viens de rencontrer Stéphane qui m'a posé beaucoup de questions.

• And use the verbs **devoir**, **vouloir**, and **pouvoir**

STÉPHANE À quelle heure est-ce qu'on doit venir ce soir, ma mère et moi?

SANDRINE Ben, disons sept heures et demie.

STÉPHANE D'accord. Qu'est-ce qu'on peut apporter?

SANDRINE Oh, rien, rien.

STÉPHANE Mais, maman insiste.

SANDRINE Bon, une salade, si tu veux.

Leçon 1B

LE DÎNER

```
ACTION
```

Downtown...

DAVID Salut, Rachid. Qu'est-ce que tu as fait en ville aujourd'hui?

RACHID J'ai fait des courses. Je suis allé à la boulangerie et chez le chocolatier.

DAVID Tu as acheté ces chocolats pour Sandrine?

RACHID Oui, pourquoi? Ah, tu es jaloux? Ne t'en fais pas! Elle nous a invités chez elle pour dîner, il est normal d'apporter quelque chose.

DAVID Zut, moi, je n'ai pas de cadeau pour elle. Qu'est-ce que je peux lui acheter? Une bouteille de vin?

RACHID Mais non! Elle a déjà choisi le vin pour son repas, c'est certain.

At the flower shop...

DAVID Eh! Je peux lui apporter des fleurs!

RACHID Oui, c'est une excellente idée!

DAVID Ces roses sont très jolies, non?

RACHID Tu es tombé amoureux?

DAVID Mais non! Pourquoi tu dis ça?

RACHID Des roses, c'est très romantique, c'est tout.

DAVID Ces fleurs-ci sont jolies. C'est mieux?

RACHID Non, c'est pire! Les chrysanthèmes sont réservés aux funérailles.

DAVID Hmmm. Je ne savais pas que c'était aussi difficile de choisir un bouquet de fleurs!

RACHID Regarde! Celles-là sont parfaites!

DAVID Tu es sûr?

RACHID Sûr et certain, achète-les!

DAVID Bon, d'accord.

At Sandrine's...

DAVID et RACHID C'est nous!

SANDRINE Bonsoir... Entrez! Oh!

DAVID Tiens. C'est pour toi.

SANDRINE Oh, David! Il ne fallait pas, c'est très gentil!

DAVID Je voulais t'apporter quelque chose.

SANDRINE Ce sont les plus belles fleurs que j'aie jamais reçues! Merci!

RACHID Bonsoir, Sandrine.

SANDRINE Oh, du chocolat! Merci beaucoup.

RACHID J'espère qu'on n'est pas trop en retard.

SANDRINE Pas du tout! Venez! On est dans la salle à manger.

AMINA Sandrine, est-ce qu'on peut faire quelque chose pour t'aider?

SANDRINE Oui euh, vous pouvez finir de mettre la table, si vous voulez.

VALÉRIE Je vais t'aider dans la cuisine.

AMINA Tiens, Stéphane. Voilà le sel et le poivre. Tu peux les mettre sur la table, s'il te plaît.

SANDRINE À table!

They all sit and begin to eat.

SANDRINE Je vous sers autre chose? Une deuxième tranche de tarte aux pommes peut-être?

VALÉRIE Merci.

AMINA Merci. Je suis au régime.

SANDRINE Et toi, David?

DAVID Oh! J'ai trop mangé. Je n'en peux plus!

STÉPHANE Moi, je veux bien...

SANDRINE Donne-moi ton assiette.

STÉPHANE *(to David)* Tiens, tu peux la lui passer, s'il te plaît?

VALÉRIE Quel repas fantastique, Sandrine. Tu as beaucoup de talent, tu sais.

RACHID Vous avez raison, Madame Forestier. Ton poulet aux champignons était superbe!

STÉPHANE Oui, et tes desserts sont les meilleurs! C'est la tarte la plus délicieuse du monde!

SANDRINE Vous êtes adorables, merci. Moi, je trouve que cette tarte aux pommes est meilleure que la tarte aux pêches que j'ai faite il y a quelques semaines.

AMINA Tout ce que tu prépares est bon, Sandrine.

DAVID À Sandrine, le chef de cuisine le plus génial!

TOUS À Sandrine!

Roman-photo Videoscript

REPRISE

In this episode, you heard the characters:

• Talk about food shops

RACHID J'ai fait des courses. Je suis allé à la boulangerie et chez le chocolatier.

• Make preparations for a meal

AMINA Sandrine, est-ce qu'on peut faire quelque chose pour t'aider?

SANDRINE Oui euh, vous pouvez finir de mettre la table, si vous voulez.

VALÉRIE Je vais t'aider dans la cuisine.

AMINA Tiens, Stéphane. Voilà le sel et le poivre. Tu peux les mettre sur la table, s'il te plaît?

SANDRINE À table!

• Use comparatives and superlatives of adjectives and adverbs

DAVID Ces fleurs-ci sont jolies. C'est mieux?

RACHID Non, c'est pire! Les chrysanthèmes sont réservés aux funérailles.

DAVID Hmmm. Je ne savais pas que c'était aussi difficile de choisir un bouquet de fleurs!

• And use double object pronouns

SANDRINE Donne-moi ton assiette.

STÉPHANE Tiens, tu peux la lui passer, s'il te plaît?

Unité 2

DRÔLE DE SURPRISE

ACTION

At David and Rachid's apartment...

DAVID (*to himself*) Oh là là, ça ne va pas du tout, toi!

RACHID David, tu te dépêches? Il est sept heures et quart. Je dois me préparer, moi aussi!

DAVID Ne t'inquiète pas. Je finis de me brosser les dents!

RACHID On doit partir dans moins de vingt minutes. Tu ne te rends pas compte!

DAVID (*He gargles, then speaks.*) Excuse-moi, mais on s'est couché tard hier soir.

RACHID Oui et on ne s'est pas réveillé à l'heure, mais mon prof de sciences po, ça ne l'intéresse pas tout ça.

DAVID Attends, je ne trouve pas le peigne... Ah, le voilà. Je me coiffe... Deux secondes!

RACHID C'était vraiment sympa hier soir... On s'entend tous super bien et on ne s'ennuie jamais ensemble... Mais enfin, qu'est-ce que tu fais? Je dois me raser, prendre une douche et m'habiller, en exactement dix-sept minutes!

DAVID Patience, cher ami! (*turns on the shower*)

RACHID Quoi! Tu n'as pas encore pris ta douche?!

DAVID Ne te mets pas en colère. J'arrive, j'arrive! Voilà... un peu de crème sur le visage, sur le cou...

RACHID Tu te maquilles maintenant?

DAVID Ce n'est pas facile d'être beau, ça prend du temps, tu sais. Écoute, ça ne sert à rien de se disputer. Lis le journal si tu t'ennuies, j'ai bientôt fini.

RACHID Bon, tu veux bien me passer ma brosse à dents, le dentifrice et un rasoir, s'il te plaît?

DAVID Attends une minute. Je me dépêche.

RACHID Comment est-ce qu'un mec peut prendre aussi longtemps dans la salle de bains?

DAVID Euh, j'ai un petit problème...

RACHID Qu'est-ce que tu as sur le visage?

DAVID Aucune idée.

RACHID Est-ce que tu as mal à la gorge? Fais: Ah!

DAVID Ahh...

RACHID Et le ventre, ça va?

DAVID Oui, oui ça va...

RACHID Attends, je vais examiner tes yeux... regarde à droite, à gauche... maintenant ferme-les. Bien. Tourne-toi...

DAVID Hé!

RACHID Ne t'inquiète pas, c'est probablement une réaction allergique. Téléphone au médecin pour prendre un rendez-vous. Qu'est-ce que tu as mangé hier?

DAVID Eh ben... J'ai mangé un peu de tout! Hé! Je n'ai pas encore fini ma toilette!

RACHID Patience, cher ami!

David continues to bang on the door. Rachid ignores him.

REPRISE

In this episode, you heard the characters:

• Talk about parts of the body

RACHID Qu'est-ce que tu as sur le visage?

DAVID Aucune idée.

RACHID Est-ce que tu as mal à la gorge? Fais: Ah!

RACHID Et le ventre, ça va?

DAVID Oui, oui ça va...

RACHID Attends, je vais examiner tes yeux...

• Discuss personal grooming

RACHID Bon, tu veux bien me passer ma brosse à dents, le dentifrice et un rasoir, s'il te plaît?

• Use reflexive verbs to talk about daily routines

DAVID Excuse-moi, mais on s'est couché tard hier soir.

RACHID Oui et on ne s'est pas réveillé à l'heure, mais mon prof de sciences po, ça ne l'intéresse pas tout ça.

• And use reflexive verbs idiomatically

RACHID Je dois me préparer, moi aussi!

DAVID Ne t'inquiète pas. Je finis de me brosser les dents!

RACHID On doit partir dans moins de vingt minutes. Tu ne te rends pas compte!

Leçon 2B

L'ACCIDENT

ACTION

At the park...

Stéphane and Rachid are playing soccer. Rachid is quizzing Stéphane as they play.

RACHID Comment s'appelle le parti politique qui gagne les élections en 1936?

STÉPHANE Le Front Populaire.

RACHID C'est exact. Qui en était le chef?

STÉPHANE Euh... je ne m'en souviens pas.

RACHID Réfléchis. Qui est devenu président...?

AMINA Salut, vous deux!

RACHID Bonjour, Amina! (*trips, falls*) Aïe!

AMINA Oh! Rachid! Ça va?

STÉPHANE Tiens, donne-moi la main. Essaie de te relever.

RACHID Ah, non! Attends… je ne peux pas.

AMINA Tu t'es blessé? Où est-ce que tu as mal?

RACHID À la cheville. (*moans in pain*)

AMINA On va t'emmener chez le médecin tout de suite. Stéphane, mets-toi là, de l'autre côté. Hop-là! On y va? (*Rachid nods.*) Allons-y.

At the doctor's…

DOCTEUR Alors, expliquez-moi ce qui s'est passé.

RACHID Eh bien, je jouais au foot quand tout à coup je suis tombé.

DOCTEUR Et où est-ce que vous avez mal? Au genou?

RACHID Non, ça va.

DOCTEUR À la jambe? Ça ne vous fait pas mal ici?

RACHID Non, pas vraiment.

DOCTEUR Et là, à la cheville?

RACHID Aïe! Oui, c'est ça!

DOCTEUR Vous pouvez tourner le pied à droite… Et à gauche? Doucement. La bonne nouvelle, c'est que ce n'est pas cassé.

RACHID Ouf, j'ai eu peur.

DOCTEUR Vous vous êtes simplement foulé la cheville. Alors, voilà ce que vous allez faire: mettre de la glace, vous reposer et ça veut dire, pas de foot pendant une semaine au moins et prendre des médicaments contre la douleur. Je vous prépare une ordonnance tout de suite.

RACHID Merci, Docteur Beaumarchais.

AMINA Ah, te voilà Rachid!

STÉPHANE Alors, tu t'es cassé la jambe? Euh… tu peux toujours jouer au foot?

AMINA Stéphane!

RACHID Pas pour le moment; non, mais ne t'inquiète pas. Après quelques semaines de repos, je vais guérir rapidement et retrouver la forme.

AMINA Qu'est-ce que t'a dit le docteur?

RACHID Oh, ce n'est pas grave. Je me suis foulé la cheville. C'est tout.

AMINA Ah, c'est une bonne nouvelle. Bon, on rentre?

RACHID Oui, volontiers. Dis, est-ce qu'on peut passer par la pharmacie?

AMINA Bien sûr!

At David and Rachid's apartment…

DAVID Rachid! Qu'est-ce qui t'est arrivé?

RACHID On jouait au foot et je suis tombé. Je me suis foulé la cheville.

DAVID Oh! C'est idiot!

AMINA Bon, on va mettre de la glace sur ta cheville. Il y en a au congélateur?

DAVID Oui, il y en a.

STÉPHANE Et toi, David, qu'est-ce qui t'est arrivé? Tu fais le clown ou quoi?

DAVID Ha ha… Très drôle, Stéphane.

AMINA Mais, qu'est-ce que tu as au visage, David? Ça te fait mal?

DAVID Non, pas vraiment. C'est juste une allergie. Ça commence à aller mieux.

AMINA Tu es allé chez le médecin?

DAVID Oui, oui. Je suis allé aux urgences. On m'a fait une piqûre et on m'a donné des médicaments. Ça va passer dans quelques jours. En attendant, je dois rester à la maison et éviter le soleil.

STÉPHANE Vous faites vraiment la paire, tous les deux!

AMINA Allez, Stéphane. Laissons-les tranquilles. Au revoir, vous deux. Reposez-vous bien!

RACHID Merci! Au revoir!

DAVID Au revoir!

Stéphane and Amina leave. David picks up the remote control to turn the sound back on. Rachid grabs the remote from him and changes the channel.

DAVID Eh! Rends-moi la télécommande! Je regardais ce film…

REPRISE

In this episode, you heard the characters:

• Describe symptoms and health problems

DOCTEUR À la jambe? Ça ne vous fait pas mal ici?

RACHID Non, pas vraiment.

DOCTEUR Et là, à la cheville?

RACHID Aïe! Oui, c'est ça!

DOCTEUR Vous pouvez tourner le pied à droite? Et à gauche? Doucement. La bonne nouvelle, c'est que ce n'est pas cassé.

• Talk about health care treatments

DAVID Oui, oui. Je suis allé aux urgences. On m'a fait une piqûre et on m'a donné des médicaments.

• Use the **passé composé** of reflexive verbs

DAVID Rachid! Qu'est-ce qui t'est arrivé?

RACHID On jouait au foot et je suis tombé. Je me suis foulé la cheville.

• And use the pronouns **y** and **en**

AMINA Bon, on va mettre de la glace sur ta cheville. Il y en a au congélateur?

DAVID Oui, il y en a.

Unité 3

C'EST QUI, CYBERHOMME?

| ACTION |

At David and Rachid's apartment...

David has several electronic devices on: the TV, the stereo, and he's playing a noisy video game on his computer.

RACHID Dis donc, David! Un peu de silence, c'est possible? Je n'arrive pas à travailler!

DAVID Qu'est-ce que tu dis?

RACHID Je dis que je ne peux pas me concentrer! Tu n'es pas un peu fou? La télé est allumée, tu ne la regardes même pas, et en même temps, la chaîne-stéréo fonctionne et tu ne l'écoutes pas! *(he turns off the radio)* Veux-tu éteindre la télé, David?

DAVID Oh, désolé, Rachid.

RACHID Ah, on arrive enfin à s'entendre parler et à s'entendre réfléchir! À quoi est-ce que tu joues?

DAVID Oh, c'est un jeu vidéo absolument génial!

RACHID Tu n'étudies pas? Tu n'avais pas une dissertation à faire?

DAVID Si, mais... c'est pour lundi.

RACHID Lundi, c'est dans deux jours!

DAVID Je sais! Bon, OK... je la commence tout de suite.

At the café...

SANDRINE Tu as un autre e-mail de Cyberhomme?

AMINA Oui.

SANDRINE Alors, qu'est-ce qu'il dit?

AMINA Oh, il est super gentil, écoute: «Chère Technofemme, je ne sais pas comment te dire combien j'adore lire tes messages. On s'entend si bien et on a beaucoup de choses en commun. J'ai l'impression que toi et moi, on peut tout se dire.»

SANDRINE Il est adorable, ton Cyberhomme! Continue! Est-ce qu'il veut te rencontrer en personne?

VALÉRIE *(overhearing a bit of their conversation)* Qui vas-tu rencontrer, Amina? Qui est ce Cyberhomme?

SANDRINE Amina l'a connu sur Internet. Ils s'écrivent depuis longtemps, n'est-ce pas, Amina?

AMINA Oui, mais comme je te l'ai déjà dit, je ne sais pas si c'est une bonne idée de se rencontrer en personne. S'écrire des e-mails, c'est une chose; se donner rendez-vous, ça peut être dangereux.

VALÉRIE Amina a raison, Sandrine. On ne sait jamais.

SANDRINE Mais il est si charmant et tellement romantique...

AMINA et VALÉRIE Sandrine!

At David and Rachid's apartment...

DAVID Et voilà Rachid! J'ai fini ma dissert'.

RACHID Bravo!

DAVID Maintenant, je l'imprime.

RACHID N'oublie pas de la sauvegarder.

David trips over some cords and accidentally unplugs his computer.

DAVID Oh, non!

RACHID Tu n'as pas sauvegardé?

DAVID Si, mais... Attends... le logiciel redémarre. Ce n'est pas vrai! Il a effacé les quatre derniers paragraphes! Oh non! Qu'est-ce que je peux faire?

RACHID Téléphone à Amina. C'est une pro de l'informatique. Peut-être qu'elle peut retrouver la dernière version de ton fichier.

DAVID Bonne idée. *(He dials Amina's cell phone.)* Au secours, Amina! J'ai besoin de tes talents.

A little later...

AMINA Ça y est, David. Voilà ta dissertation.

DAVID Tu me sauves la vie! Tu es vraiment géniale, Amina!

AMINA Ce n'était pas grand-chose, mais tu sais David, il faut sauvegarder au moins toutes les cinq minutes pour ne pas avoir de problème.

DAVID Oui, oui je sais, c'est idiot de ma part.

RACHID Merci, Amina. Tu me sauves la vie aussi. Peut-être que maintenant je vais pouvoir me concentrer.

AMINA Ah? Et tu travailles sur quoi? *(She looks at Rachid's computer screen and sees an e-mail message signed Cyberhomme.)* Ce n'est pas possible! ... C'est toi, Cyberhomme?!

RACHID Et toi, tu es Technofemme?!

DAVID Évidemment, tu me l'as dit toi-même: Amina est une pro de l'informatique.

| REPRISE |

In this episode, you heard the characters:

• Talk about electronics

RACHID Tu n'es pas un peu fou? La télé est allumée, tu ne la regardes même pas, et en même temps, la chaîne-stéréo fonctionne et tu ne l'écoutes pas! Veux-tu éteindre la télé, David?

DAVID Oh, désolé, Rachid.

• Discuss computers

DAVID Maintenant, je l'imprime.

RACHID N'oublie pas de la sauvegarder. Tu n'as pas sauvegardé?

DAVID Attends… le logiciel redémarre.

RACHID Téléphone à Amina. C'est une pro de l'informatique. Peut-être qu'elle peut retrouver la dernière version de ton fichier.

• Use prepositions with infinitives

RACHID Dis donc, David! Un peu de silence, c'est possible? Je n'arrive pas à travailler!

DAVID Qu'est-ce que tu dis?

RACHID Je dis que je ne peux pas me concentrer!

• And use reciprocal reflexive verbs

AMINA On s'entend si bien et on a beaucoup de choses en commun. J'ai l'impression que toi et moi, on peut tout se dire.

Leçon 3B

LA PANNE

┌─────────────────┐
│   **ACTION**   │
└─────────────────┘

At the service station…

RACHID Bonjour.

MÉCANICIEN Bonjour. Elle est belle, votre voiture! Elle est de quelle année?

RACHID Elle est de 2005.

MÉCANICIEN Je vérifie l'huile ou la pression des pneus?

RACHID Non, merci ça va. Je suis un peu pressé en fait. Au revoir.

At the P'tit Bistrot…

SANDRINE Ton Cyberhomme, c'est Rachid! Quelle coïncidence!

AMINA C'est incroyable, non? Je savais qu'il habitait à Aix, mais…

VALÉRIE Oh, une vraie petite histoire d'amour, comme dans les films!

SANDRINE C'est exactement ce que je me disais!

AMINA Rachid arrive dans quelques minutes. Est-ce que cette couleur va avec ma jupe?

SANDRINE Vous l'avez entendue? Ne serait-elle pas amoureuse?

AMINA Arrête de dire des bêtises.

Rachid arrives to pick up Amina.

SANDRINE (*to Valérie*) Oh, regarde, il lui offre des fleurs.

RACHID Bonjour, Amina. Tiens, c'est pour toi.

AMINA Bonjour, Rachid. Oh, merci, c'est très gentil.

RACHID Tu es très belle aujourd'hui.

AMINA Merci.

RACHID Attends, laisse-moi t'ouvrir la portière.

AMINA Merci.

RACHID N'oublie pas d'attacher ta ceinture.

AMINA Oui, bien sûr.

They drive away.

RACHID Oh non!!

AMINA Qu'est-ce qu'il y a? Un problème?

RACHID Je ne sais pas, j'ai un voyant qui s'est allumé.

AMINA Allons à une station-service.

RACHID Oui… c'est une bonne idée.

Back at the service station…

MÉCANICIEN Ah! Vous êtes de retour. Mais que se passe-t-il? Je peux vous aider?

RACHID J'espère. Il y a quelque chose qui ne va pas, peut-être avec le moteur, regardez, ce voyant est allumé.

MÉCANICIEN Ah, ça? C'est l'huile. Je m'en occupe tout de suite.

RACHID Merci.

MÉCANICIEN Vous pouvez redémarrer? Et voilà.

RACHID Parfait. Au revoir. Bonne journée.

MÉCANICIEN Bonne route!

AMINA Heureusement, ce n'était pas bien grave. À quelle heure est notre réservation?

RACHID Oh! C'est pas vrai!

AMINA Qu'est-ce que c'était?

RACHID On a un pneu crevé.

AMINA Oh, non!!

┌─────────────────┐
│   **REPRISE**   │
└─────────────────┘

In this episode, you heard the characters:

• Talk about cars

RACHID Il y a quelque chose qui ne va pas, peut-être avec le moteur, regardez, ce voyant est allumé.

MÉCANICIEN Ah, ça? C'est l'huile. Je m'en occupe tout de suite.

RACHID Merci.

MÉCANICIEN Vous pouvez redémarrer?

• Use the verbs **ouvrir** and **offrir**

SANDRINE Oh, regarde, il lui offre des fleurs!

RACHID Attends, laisse-moi t'ouvrir la portière.

AMINA Merci.

• Use le **conditionnel**

SANDRINE Vous l'avez entendue? Ne serait-elle pas amoureuse?

AMINA Arrête de dire des bêtises.

Roman-photo Videoscript

Unité 4

ON FAIT DES COURSES.

ACTION

At the deli...

EMPLOYÉE Bonjour, Mademoiselle, Monsieur. Qu'est-ce que je vous sers?

RACHID Bonjour, Madame, quatre tranches de pâté et de la salade de carottes pour deux personnes, s'il vous plaît.

EMPLOYÉE Et avec ça?

RACHID Tu aimes le jambon?

AMINA Mmm... oui!

RACHID Deux tranches de jambon, s'il vous plaît.

EMPLOYÉE Tout de suite. Vous désirez autre chose?

RACHID Non, merci.

EMPLOYÉE Très bien. Neuf euros cinquante, s'il vous plaît.

RACHID Vous prenez les cartes de crédit?

EMPLOYÉE Ah désolée, Monsieur, nous n'acceptons que les paiements en liquide ou par chèque.

RACHID Amina, je viens de m'apercevoir que je n'ai pas de liquide sur moi!

AMINA Ce n'est pas grave, j'en ai assez. Tiens.

EMPLOYÉE Merci, et voilà cinquante centimes. Au revoir.

RACHID Au revoir.

AMINA Au revoir.

On the street...

RACHID Merci, chérie. Passons à la banque avant d'aller au parc.

AMINA Non, ce n'est pas nécessaire.

RACHID Si, j'insiste. C'est moi qui t'invite aujourd'hui.

AMINA Mais nous sommes samedi midi, la banque est fermée.

RACHID Peut-être, mais il y a toujours le distributeur automatique.

AMINA Bon d'accord... J'ai quelques courses à faire plus tard cet après-midi. Tu veux m'accompagner?

RACHID Volontiers. Où est-ce que tu vas?

AMINA Je dois aller à la poste pour acheter des timbres et envoyer quelques cartes postales et puis je voudrais aller à la bijouterie.

RACHID À la bijouterie?

AMINA Oui, j'ai reçu un e-mail de la bijouterie qui vend les bijoux que je fais. (*She shows him a necklace.*) Regarde.

RACHID Très joli!

AMINA Oui, tu aimes? Et après ça, je dois passer à la boutique Olivia où l'on vend mes vêtements.

RACHID Tu vends aussi des vêtements dans une boutique?

AMINA Oui, mes créations! J'étudie le stylisme de mode, tu ne t'en souviens pas?

RACHID Si, bien sûr, mais... Tu as vraiment du talent.

In another part of town...

DAVID Alors, Sandrine. Tu aimes la cuisine alsacienne?

SANDRINE Oui, j'adore la choucroute!

DAVID Tu veux aller à la brasserie La Petite France? C'est moi qui t'invite.

SANDRINE D'accord, avec plaisir.

DAVID Excellent! Avant d'y aller, il faut trouver un distributeur automatique.

SANDRINE Il y en a un à côté de la banque.

DAVID Bon. Allons-y.

At the ATM...

SANDRINE Eh regarde qui fait la queue!

RACHID Tiens, salut, qu'est-ce que vous faites de beau, vous deux?

SANDRINE On va à la brasserie La Petite France. Vous voulez venir avec nous?

AMINA Non non! Euh... je veux dire... Rachid et moi, on va faire un pique-nique dans le parc.

RACHID Oui, et après ça, Amina a des courses importantes à faire.

SANDRINE Je comprends, pas de problème... David et moi, nous avons aussi des choses à faire cet après-midi.

AMINA (*privately to Sandrine*) Alors! On n'a plus besoin de chercher un Cyberhomme?

SANDRINE (*to Amina*) Pour le moment, je ne cherche personne. David est super.

DAVID De quoi parlez-vous?

SANDRINE Oh, rien d'important.

RACHID Bon, Amina. On y va?

AMINA Oui. Passez un bon après-midi.

SANDRINE Vous aussi.

REPRISE

In this episode, you heard the characters:

• Talk about errands

AMINA J'ai quelques courses à faire plus tard cet

après-midi. Tu veux m'accompagner?

RACHID Volontiers. Où est-ce que tu vas?

AMINA Je dois aller à la poste pour acheter des timbres et envoyer quelques cartes postales et puis je voudrais aller à la bijouterie.

• Make a purchase

EMPLOYÉE Très bien. Neuf euros cinquante, s'il vous plaît.

RACHID Vous prenez les cartes de crédit?

EMPLOYÉE Ah désolée, Monsieur, nous n'acceptons que les paiements en liquide ou par chèque.

• Use the verbs **recevoir** and **apercevoir**

RACHID Amina, je viens de m'apercevoir que je n'ai pas de liquide sur moi!

• And use negative and affirmative expressions

AMINA On n'a plus besoin de chercher un Cyberhomme?

SANDRINE Pour le moment, je ne cherche personne. David est super.

DAVID De quoi parlez-vous?

SANDRINE Oh, rien d'important.

Leçon 4B

CHERCHER SON CHEMIN

ACTION

At Mr. Hulot's kiosk...

M. HULOT Bonjour, Monsieur.

TOURISTE Bonjour. (*He hands a magazine to Mr. Hulot.*)

M. HULOT Trois euros, s'il vous plaît.

TOURISTE Voilà dix euros. Désolé, je n'ai pas de monnaie.

M. HULOT Il n'y a pas de problème. Voici cinq, six, sept euros qui font dix. Merci.

TOURISTE Excusez-moi, où est le bureau de poste, s'il vous plaît?

M. HULOT Euh... c'est par là... Ah... non... euh... voyons.... vous prenez cette rue-là et... euh, non non ... je ne sais pas vraiment comment vous expliquer... Attendez, vous voyez le café qui est juste là?

TOURISTE Oui...

M. HULOT Il y aura certainement quelqu'un qui saura vous dire comment y aller.

TOURISTE Ah, merci, Monsieur, au revoir!

M. HULOT Bonne journée, Monsieur.

At the P'tit Bistrot...

SANDRINE Qu'est-ce que vous allez faire le week-end prochain?

RACHID Je pense que nous irons faire une randonnée à la Sainte-Victoire.

AMINA Oui, j'espère qu'il fera beau! Et vous, vous avez une idée de ce que vous allez faire?

DAVID Et bien, s'il ne pleut pas, nous irons au concert en plein air de Pauline Ester. C'est la chanteuse préférée de Sandrine, n'est-ce pas, chérie?

SANDRINE Absolument! (*singing badly:*) «Oui, je l'adore, c'est mon amour, mon trésor. Oui je l'adore, tous les jours un peu plus fort...»

AMINA Pauline Ester! Tu aimes la musique des années quatre-vingt-dix, toi?

SANDRINE Pas tous les styles de musique, mais Pauline Ester oui. Elle chante super bien.

AMINA Comme on dit, les goûts et les couleurs, ça ne se discute pas!

RACHID Tu n'aimes pas Pauline Ester, mon cœur? (*Amina rolls her eyes at Rachid.*)

TOURISTE Excusez-moi, est-ce que vous savez où se trouve le bureau de poste, s'il vous plaît?

RACHID Oui, ce n'est pas loin d'ici. Vous descendez la rue, juste là, ensuite vous continuez jusqu'au feu rouge et vous tournez à gauche.

DAVID Non! À droite!

RACHID Non, à gauche! Puis, vous continuez tout droit, vous traversez le cours Mirabeau et c'est juste là, en face de la fontaine de la rotonde, à côté de la gare.

DAVID Non, c'est à côté de l'Office du tourisme.

TOURISTE Euh merci, je... je vais le trouver tout seul. Au revoir.

DAVID Bonne journée.

AMINA Bonne journée.

SANDRINE Bonne journée.

Outside the café...

STÉPHANE Bonjour, je peux vous aider?

TOURISTE J'espère que oui.

STÉPHANE Vous êtes perdu?

TOURISTE Exactement. Je cherche le bureau de poste.

STÉPHANE Le bureau de poste? C'est très simple.

TOURISTE Ah bon! C'est loin d'ici?

STÉPHANE Non, pas du tout. C'est tout près. Vous prenez cette rue, là, à gauche. Vous continuez jusqu'au cours Mirabeau. Vous le connaissez?

TOURISTE Non, je ne suis pas d'ici. Je suis touriste.

STÉPHANE Bon... Le cours Mirabeau, c'est le boulevard principal de la ville.

TOURISTE Oui...

STÉPHANE Alors, une fois que vous serez sur le cours Mirabeau, vous tournerez à gauche et suivrez le cours jusqu'à la rotonde. Vous la verrez... Il y a une grande fontaine. Derrière la fontaine, vous trouverez le bureau de poste, et voilà!

TOURISTE Merci beaucoup.

STÉPHANE De rien.

TOURISTE Au revoir!

STÉPHANE Au revoir!

REPRISE

In this episode, you heard the characters:

• Give directions

TOURISTE Excusez-moi, est-ce que vous savez où se trouve le bureau de poste, s'il vous plaît?

RACHID Oui, ce n'est pas loin d'ici. Vous descendez la rue, juste là, ensuite vous continuez jusqu'au feu rouge et vous tournez à gauche.

DAVID Non! À droite!

RACHID Non, à gauche! Puis, vous continuez tout droit, vous traversez le cours Mirabeau et c'est juste là, en face de la fontaine de la Rotonde, à côté de la gare.

DAVID Non, c'est à côté de l'office du Tourisme.

• Use the **futur simple**

STÉPHANE Alors, une fois que vous serez sur le cours Mirabeau, vous tournerez à gauche et suivrez le cours jusqu'à la Rotonde. Vous la verrez... Il y a une grande fontaine. Derrière la fontaine, vous trouverez le bureau de poste, et voilà!

• And use irregular future forms

SANDRINE Qu'est-ce que vous allez faire le week-end prochain?

RACHID Je pense que nous irons faire une randonnée à la Sainte-Victoire.

AMINA Oui, j'espère qu'il fera beau! Et vous, vous avez une idée de ce que vous allez faire?

DAVID Et bien, s'il ne pleut pas, nous irons au concert en plein air de Pauline Ester.

Unité 5

LE BAC

ACTION

After the bac...

STÉPHANE Alors, Astrid. Tu penses avoir réussi le bac?

ASTRID Franchement, je crois que oui. Et toi?

STÉPHANE Je ne sais pas, c'était plutôt difficile. Mais au moins, c'est fini, et ça, c'est le plus important pour moi!

ASTRID Mais dis-moi, qu'est-ce que tu vas faire une fois que tu auras le bac?

STÉPHANE L'année prochaine?

ASTRID Oui, à l'automne. Tu vas aller à l'université ou tu vas chercher du travail?

STÉPHANE Aucune idée, Astrid. J'ai fait une demande à l'université pour étudier l'architecture.

ASTRID Vraiment? Laquelle?

STÉPHANE L'Université de Marseille, mais je n'ai pas encore de réponse. Alors, Mademoiselle Je-pense-à-tout, tu sais déjà ce que tu feras?

ASTRID Bien sûr! J'irai à l'Université de Bordeaux et dès que je réussirai à l'examen de première année, je continuerai en médecine.

STÉPHANE Ah oui? Pour moi, les études, c'est fini pour l'instant. On vient juste de passer le bac, il faut fêter ça! C'est loin, la rentrée. Écoute, je dois téléphoner à ma mère. Je peux emprunter ta télécarte, s'il te plaît?

ASTRID Oui, bien sûr. Tiens.

STÉPHANE Merci.

ASTRID Bon... Je dois rentrer chez moi. Ma famille m'attend. Au revoir.

STÉPHANE Salut.

Stéphane calls his mother...

VALÉRIE Le P'tit Bistrot. Bonjour.

STÉPHANE Allô.

VALÉRIE Allô. Qui est à l'appareil?

STÉPHANE Maman, c'est moi!

VALÉRIE Stéphane! Alors, comment ça a été? Tu penses avoir réussi?

STÉPHANE Oui, bien sûr, maman. Ne t'inquiète pas!

VALÉRIE Mais bien sûr que je m'inquiète! C'est normal. Je suis ta mère. Je pense à ton avenir.

STÉPHANE Tu sais, finalement, ce n'était pas si difficile.

VALÉRIE Ah bon?... En tout cas, on saura bientôt. Tu sais quand tu auras les résultats?

STÉPHANE Ils seront affichés dans deux semaines.

VALÉRIE En attendant, il faut prendre des décisions pour préparer l'avenir. Tu y as réfléchi un peu?

STÉPHANE L'avenir! L'avenir! Vous n'avez que ce mot à la bouche, Astrid et toi. Oh maman, je suis tellement content, aujourd'hui. Pour le moment, je voudrais juste faire des projets pour le week-end.

VALÉRIE D'accord, Stéphane. Je comprends. Tu rentres maintenant?

STÉPHANE Oui, maman. J'arrive dans quinze minutes.

VALÉRIE À tout de suite, mon chéri.

STÉPHANE À tout de suite!

At the P'tit Bistrot...

JEUNE FEMME Bonjour, Madame.

VALÉRIE Bonjour.

JEUNE FEMME Je m'appelle Caroline Durand. Je cherche un travail pour cet été. Est-ce que vous embauchez en ce moment?

VALÉRIE Eh bien, c'est possible. L'été, en général, nous avons beaucoup de clients étrangers. Est-ce que vous parlez anglais?

JEUNE FEMME Oui, c'est ce que j'étudie à l'université.

VALÉRIE Et vous avez déjà travaillé dans un café?

JEUNE FEMME Eh bien, l'été dernier, j'ai travaillé à la brasserie les Deux Escargots. Vous pouvez les appeler pour obtenir une référence si vous le désirez. Voici leur numéro de téléphone.

VALÉRIE Merci.

JEUNE FEMME Merci, au revoir.

VALÉRIE Au revoir, et peut-être à bientôt!

Outside, near le café...

MICHÈLE Au fait, j'ai un rendez-vous pour passer un entretien avec le chef du personnel de l'entreprise Dupont... Laquelle? Mais tu sais bien... c'est la compagnie qui offre ce poste de réceptionniste... Bien sûr, j'ai préparé mon CV... Non, non, tu es fou, je ne peux pas demander une lettre de recommandation à Madame Forestier pour le moment... Bien sûr, nous irons dîner pour fêter ça dès que j'aurai un nouveau travail.

REPRISE

In this episode, you heard the characters:

• Discuss job-hunting

JEUNE FEMME Bonjour, Madame.

VALÉRIE Bonjour!

Roman-photo Videoscript

JEUNE FEMME Je m'appelle Caroline Durand. Je cherche un travail pour cet été. Est-ce que vous embauchez en ce moment?

MICHÈLE Au fait, j'ai un rendez-vous pour passer un entretien avec le chef du personnel de l'entreprise Dupont. Laquelle? Mais tu sais bien… c'est la compagnie qui offre ce poste de réceptionniste.

• Use le **futur** with **quand** and **dès que**

VALÉRIE En tout cas, on saura bientôt. Tu sais quand tu auras les résultats?

MICHÈLE Bien sûr, nous irons dîner pour fêter ça, dès que j'aurai un nouveau travail.

• And use interrogative pronouns

STÉPHANE J'ai fait une demande à l'université pour étudier l'architecture.

ASTRID Vraiment? Laquelle?

STÉPHANE L'Université de Marseille.

Leçon 5B

JE DÉMISSIONNE!

ACTION

In town…

AMINA Alors, Sandrine, ton concert, ce sera la première fois que tu chantes en public?

SANDRINE Oui, et je suis un peu anxieuse!

AMINA Ah! Tu as le trac!

SANDRINE Un peu, oui. Toi, tu es toujours tellement chic, tu as confiance en toi, tu n'as peur de rien…

AMINA Mais Sandrine, la confiance en soi, c'est ici dans le cœur et ici dans la tête. J'ai une idée! Ce qui te donnerait du courage, c'est de porter une superbe robe.

SANDRINE Tu crois? Mais, je n'en ai pas…

AMINA Je m'en occupe. Quel style de robe est-ce que tu aimerais? (*Sandrine shrugs.*) Suis-moi!

At the market…

SANDRINE Ce coton rouge est joli.

AMINA Oui… C'est très classique, mais ce n'est pas vraiment toi. Que penses-tu de ce tissu noir?

SANDRINE Oh! C'est ravissant!

AMINA Ce serait parfait pour une robe du soir.

SANDRINE Bon, si tu le dis. Moi, si je faisais cette robe moi-même, elle finirait sans doute avec une manche courte et avec une manche longue!

AMINA (*kidding around*) Je pourrais en faire une comme ça, si tu veux.

SANDRINE Mais non, je préférerais une de tes créations. Amina, tu es vraiment super! Si tu as besoin de quoi que ce soit un jour, dis-le-moi. J'aimerais faire quelque chose pour toi.

AMINA Oh, Sandrine, ce n'est pas nécessaire, je t'assure. Je vais te faire une robe qui te fera plaisir.

SANDRINE Je pourrais te préparer un gâteau au chocolat?

AMINA Mmmm… Je ne dirais pas non.

At the high school…

ASTRID Stéphane, c'est le grand jour! On va enfin connaître les résultats du bac! Je suis tellement nerveuse. Pas toi?

STÉPHANE Non, pas vraiment. Seulement, si j'échoue, ma mère va m'étrangler. Tessier, Astrid… Eh! Félicitations, Astrid! Tu as réussi! Avec mention bien, en plus!

ASTRID Et toi?

STÉPHANE Attends. Forestier, Stéphane… Ce n'est pas possible!

ASTRID Quoi, qu'est-ce qu'il y a?

STÉPHANE Je dois repasser une partie de l'examen la semaine prochaine.

ASTRID Oh, ce n'est pas vrai! Il y a peut-être une erreur. Stéphane, attends!

At the P'tit Bistrot…

MICHÈLE Excusez-moi, Madame. Auriez-vous une petite minute? Je voudrais vous parler.

VALÉRIE Oui, bien sûr!

MICHÈLE C'est que… Voilà, ça fait deux ans que je travaille ici au P'tit Bistrot…

VALÉRIE Oui.

MICHÈLE Depuis tout ce temps, comme vous le savez, ma situation personnelle a changé, mais… pas mon salaire. Est-ce qu'il serait possible d'avoir une augmentation?

VALÉRIE Michèle, être serveuse, c'est un métier exigeant, mais les salaires sont modestes!

MICHÈLE Oui, je sais, Madame. Je ne vous demande pas un salaire très élevé, mais… c'est pour ma famille, vous comprenez? Il faut que je gagne un peu plus.

VALÉRIE Désolée, Michèle, j'aimerais bien le faire, mais, en ce moment, ce n'est pas possible. Peut-être dans quelques mois… hein?

MICHÈLE Non, Madame! Dans quelques mois, je serai déjà partie. Je démissionne! Je prends le reste de mes vacances à partir d'aujourd'hui.

VALÉRIE Mais Michèle, attendez, mais Michèle! (*Stéphane enters.*) Stéphane, te voilà. Hé! Où vas-tu? Tu as eu les résultats du bac, non? Qu'est-ce qu'il y a?

STÉPHANE Maman, je suis désolé, mais je vais devoir repasser une partie de l'examen.

VALÉRIE Oh là là! Stéphane!

STÉPHANE Bon, écoute, maman, voici ce que je vais faire: je vais étudier nuit et jour jusqu'à la semaine prochaine: pas de sports, pas de jeux vidéo, pas de télévision. J'irai à l'université, maman. Je te le promets.

REPRISE

In this episode, you heard the characters:

• Make polite requests

MICHÈLE Excusez-moi, Madame. Auriez-vous une petite minute? Je voudrais vous parler.

• Discuss salary and job benefits

VALÉRIE Michèle, être serveuse, c'est un métier exigeant, mais les salaires sont modestes!

MICHÈLE Oui, je sais, Madame. Je ne vous demande pas un salaire très élevé, mais… c'est pour ma famille, vous comprenez? Il faut que je gagne un peu plus.

• Use si clauses

AMINA Ce serait parfait pour une robe du soir.

SANDRINE Bon, si tu le dis. Moi, si je faisais cette robe moi-même, elle finirait sans doute avec une manche courte et avec une manche longue!

AMINA Je pourrais en faire une comme ça, si tu veux.

• And use relative pronouns

AMINA Oh, Sandrine, ce n'est pas nécessaire, je t'assure. Je vais te faire une robe qui te fera plaisir.

SANDRINE Je pourrais te préparer un gâteau au chocolat?

UNE IDÉE DE GÉNIE

ACTION

At the P'tit Bistrot…

VALÉRIE Oh, Stéphane, mon chéri. Tu peux aller porter ces bouteilles en verre à recycler, s'il te plaît?

STÉPHANE Oui, bien sûr, maman.

VALÉRIE Oh, et puis, ces emballages en plastique, aussi.

STÉPHANE Oui, je m'en occupe tout de suite.

VALÉRIE Merci.

RACHID et AMINA Bonjour, Madame Forestier!

VALÉRIE Bonjour à vous deux.

AMINA Où est Michèle? Elle est malade?

VALÉRIE Je n'en sais rien.

RACHID Mais, elle ne travaille pas aujourd'hui?

VALÉRIE Non, elle ne vient ni aujourd'hui, ni demain, ni la semaine prochaine.

AMINA Elle est en vacances?

VALÉRIE Oui et non… Elle a démissionné.

RACHID Mais, pourquoi?

AMINA Rachid! Ça ne nous regarde pas!

VALÉRIE Oh, ça va, je peux vous le dire. Michèle voulait un autre travail.

RACHID Quelle sorte de travail?

VALÉRIE Plus celui-ci… Elle voulait une augmentation, ce n'était pas possible. Elle est partie trouver un travail mieux payé.

Valérie leaves the table to answer the phone. David enters.

DAVID Bonjour, tout le monde. Vous avez lu le journal ce matin?

RACHID Non, pourquoi?

DAVID Il faut que je vous parle de cet article sur la pollution. J'ai appris beaucoup de choses au sujet des pluies acides, du trou dans la couche d'ozone, de l'effet de serre…

AMINA Oh, David, la barbe.

RACHID Allez, assieds-toi et déjeune avec nous.

A little later…

RACHID Ton concert est dans une semaine, n'est-ce pas Sandrine?

SANDRINE Oui.

RACHID Qu'est-ce que tu vas chanter?

SANDRINE Écoute, Rachid, je n'ai pas vraiment envie de parler de ça.

DAVID Madame Forestier, vous avez entendu la nouvelle? Je rentre aux États-Unis.

VALÉRIE Tu repars aux États-Unis? Quand?

DAVID Dans trois semaines.

VALÉRIE Trois semaines! Il te reste très peu de temps à Aix, alors!

SANDRINE Oui. On sait.

DAVID Oh, ne sois pas comme ça. Il faut que nous passions le reste de mon séjour de bonne humeur, hein?

RACHID Ah, mais vraiment, tout le monde a l'air triste aujourd'hui!

AMINA Oui. Pensons à quelque chose pour améliorer la situation. Tu as une idée?

RACHID Oui, peut-être.

AMINA Dis-moi! *(He whispers in her ear.)* Excellente idée!

RACHID Tu crois? Tu es sûre? Bon… Écoutez, j'ai une idée.

DAVID C'est quoi, ton idée?

RACHID Tout le monde a l'air triste aujourd'hui. Si on allait au mont Sainte-Victoire ce week-end. Ça vous dit?

DAVID Oui! J'aimerais bien y aller. J'adore dessiner en plein air.

SANDRINE Oui, peut-être…

AMINA Allez! Ça nous fera du bien! Adieu pollution de la ville. À nous, l'air pur de la campagne! Qu'en penses-tu, Sandrine?

SANDRINE Bon, d'accord.

AMINA Super! Et vous, Madame Forestier? Vous et Stéphane avez besoin de vous reposer aussi, vous devez absolument venir avec nous!

VALÉRIE En effet, je crois que c'est une excellente idée!

REPRISE

In this episode, you heard the characters:

• Talk about environmental concerns

DAVID Bonjour, tout le monde. Vous avez lu le journal ce matin?

RACHID Non, pourquoi?

DAVID Il faut que je vous parle de cet article sur la pollution. J'ai appris beaucoup de choses au sujet des pluies acides, du trou dans la couche d'ozone, de l'effet de serre…

• Discuss recycling

VALÉRIE Tu peux aller porter ces bouteilles en verre à recycler, s'il te plaît?

STÉPHANE Oui, bien sûr, maman.

VALÉRIE Oh, et puis, ces emballages en plastique, aussi.

STÉPHANE Oui, je m'en occupe tout de suite.

• Use demonstrative pronouns such as **celui**

VALÉRIE Michèle voulait un autre travail.

RACHID Quelle sorte de travail?

VALÉRIE Plus celui-ci…

• And use the subjunctive with impersonal expressions

DAVID Ne sois pas comme ça. Il faut que nous passions le reste de mon séjour de bonne humeur, hein?

Leçon 6B

LA RANDONNÉE

> **ACTION**

In the mountains…

DAVID Que c'est beau! Regardez ce ciel bleu, le vert de cette vallée…

VALÉRIE Après un an à Aix-en-Provence, c'est la première fois que tu viens à la montagne Sainte-Victoire?

DAVID Non, en fait, je viens assez souvent pour dessiner, mais malheureusement, c'est peut-être la dernière fois. C'est dommage que j'aie si peu de temps.

SANDRINE La dernière fois? Ne dis pas ça, David. Je préfèrerais qu'on parle d'autre chose.

AMINA Elle a raison, nous sommes venus ici pour passer un bon moment ensemble.

STÉPHANE Tiens, et si on essayait de trouver des serpents?

AMINA Des serpents, ici?

RACHID Ne t'inquiète pas, ma chérie. Par précaution, je suggère que tu restes près de moi, mais il ne faut pas que tu sois aussi anxieuse.

SANDRINE C'est romantique ici, n'est-ce pas?

DAVID Comment? Euh, oui, enfin…

VALÉRIE Avant de commencer notre randonnée, je propose qu'on visite la Maison Sainte-Victoire.

AMINA Bonne idée. Allons-y!

At the Maison Sainte-Victoire

GUIDE Mesdames, Messieurs, bonjour et bienvenue.

TOUS Bonjour!

GUIDE C'est votre première visite de la Maison Sainte-Victoire?

STÉPHANE Pour moi, oui.

GUIDE La Maison Sainte-Victoire a été construite après l'incendie de 1989.

DAVID Un incendie?

GUIDE Oui, celui qui a détruit une très grande partie de la forêt. Maintenant, il y a un musée, un sentier de découvertes dans le jardin et la montagne est un espace protégé.

DAVID Protégé? Comment?

GUIDE Eh bien, nous nous occupons de la gestion de la montagne et de la forêt. Notre mission est la préservation de la nature, le sauvetage des habitats naturels et la prévention des incendies. Je vous fais visiter le musée?

VALÉRIE Oui, volontiers!

DAVID Allons-y!

The group visits the museum, then they start the hike.

VALÉRIE (*surveying the area*) Ici, c'est l'endroit idéal pour faire un pique-nique, n'est-ce pas?

DAVID Oui, c'est parfait.

After the picnic…

DAVID Mais tu avais faim, Sandrine!

SANDRINE Oui. Pourquoi?

DAVID Parce que tu as mangé autant que Stéphane!

SANDRINE C'est normal, on a beaucoup marché, ça ouvre l'appétit. Et en plus, ce fromage est délicieux!

DAVID Mais tu peux manger autant de fromage que tu veux, ma chérie.

Stéphane drops a napkin…

VALÉRIE Stéphane! Mais qu'est-ce que tu jettes par terre? Il est essentiel qu'on laisse cet endroit propre!

STÉPHANE Oh, ne t'inquiète pas, maman. J'allais mettre ça à la poubelle plus tard.

SANDRINE David, j'aimerais que tu fasses un portrait de moi, ici, à la montagne. Ça te dit?

DAVID Peut-être un peu plus tard… Cette montagne est tellement belle!

VALÉRIE David, tu es comme Cézanne. Il venait ici tous les jours pour dessiner. La montagne Sainte-Victoire était un de ses sujets favoris.

RACHID Tiens, chérie.

AMINA Merci, elle est très belle, cette fleur.

RACHID Oui, mais toi, tu es encore plus belle. Tu es plus belle que toutes les fleurs de la nature réunies!

AMINA Rachid…

RACHID Chut! Ne dis rien… (*Rachid kisses Amina. Stéphane snaps a picture of the kiss.*) Stéphane! Laisse-nous tranquilles.

REPRISE

In this episode, you heard the characters:

• Talk about nature

DAVID Que c'est beau! Regardez ce ciel bleu, le vert de cette vallée…

• Discuss ecological concerns and solutions

GUIDE Eh bien, nous nous occupons de la gestion de la montagne et de la forêt. Notre mission est la préservation de la nature, le sauvetage des habitats naturels et la prévention des incendies.

• Use the subjunctive with will and emotion

SANDRINE La dernière fois? Ne dis pas ça, David. Je préférerais qu'on parle d'autre chose. David, j'aimerais que tu fasses un portrait de moi, ici, à la montagne. Ça te dit?

• And use comparatives and superlatives of nouns

DAVID Parce que tu as mangé autant que Stéphane!

SANDRINE C'est normal, on a beaucoup marché, ça ouvre l'appétit. Et en plus, ce fromage est délicieux!

DAVID Mais, tu peux manger autant de fromage que tu veux, ma chérie.

Unité 7

APRÈS LE CONCERT

| ACTION |

After the concert...

RACHID Bon... que pensez-vous du spectacle?

AMINA Euh... c'est ma comédie musicale préférée... *(They suppress laughter.)* Les danseurs étaient excellents.

DAVID Oui, et l'orchestre aussi!

RACHID Et les costumes, comment tu les as trouvés, Amina?

AMINA Très beaux!

RACHID Moi, je trouve que la robe que tu as faite pour Sandrine était le plus beau des costumes.

AMINA Vraiment?

DAVID Eh, voilà Sandrine.

SANDRINE Merci, David. C'est gentil. Vous avez entendu ces applaudissements? Je n'arrive pas à croire que c'était pour moi... et toute la troupe, bien sûr!

DAVID Oui c'est vraiment incroyable!

SANDRINE Devenir une chanteuse célèbre, c'est mon rêve. Alors, vous avez aimé notre spectacle?

RACHID Oui! Amina vient de nous dire que c'était sa comédie musicale préférée.

SANDRINE C'est vrai? C'est la mienne aussi! *(She sings badly. The others try not to cringe.)* J'adore cette chanson!

DAVID Et... Sandrine, que tu es ravissante dans cette robe!

SANDRINE Merci, David. Elle me va super bien, non? Et toi, Amina, merci mille fois!

At the P'tit Bistrot...

VALÉRIE Alors, c'était comment, la pièce de théâtre?

DAVID Oh, ce n'était pas une pièce de théâtre. C'était une comédie musicale.

VALÉRIE Oh! Alors, c'était comment?

DAVID Pas mal. Les danseurs et l'orchestre étaient formidables.

VALÉRIE Et les chanteurs?

DAVID Mmmm... pas mal.

VALÉRIE Et Sandrine?

DAVID Sandrine, comme ci, comme ça... À vrai dire, ce n'était pas terrible... C'est le moins que l'on puisse dire.

VALÉRIE Ah bon?

DAVID Comment vous expliquez? Comme actrice, elle n'est pas mal. Elle a bien joué son rôle, mais il est évident qu'elle ne sait pas chanter.

VALÉRIE Tu ne lui as pas dit ça, j'espère!

DAVID Ben, non, mais... Je doute qu'elle devienne une chanteuse célèbre! C'est ça, son rêve. Croyez-vous que ce soit mieux qu'elle le sache?

Sandrine has overheard the conversation.

SANDRINE Tu en as suffisamment dit, David.

DAVID Sandrine! Je ne savais pas que tu étais là.

SANDRINE De toute évidence! Il vaut mieux que je m'en aille. Bonne journée, Madame Forestier.

DAVID Sandrine!

Outside the café...

DAVID Sandrine! Attends!

SANDRINE Pour quoi faire?

DAVID Je voudrais m'expliquer... Il est clair que...

SANDRINE Écoute, ce qui est clair, c'est que tu n'y connais rien en musique et que tu ne sais rien de moi!

DAVID Mais Sandrine, je suis désolé de t'avoir blessée, mais il faut bien que quelqu'un soit honnête avec toi.

SANDRINE À quel sujet?

DAVID Eh bien, la musique, la chanson... je doute que ce soit ta vocation.

SANDRINE Tu doutes? Eh bien, moi, je suis certaine... certaine de ne plus jamais vouloir te revoir. C'est fini, David.

DAVID Mais, Sandrine, écoute-moi! C'est pour ton bien que je dis...

SANDRINE Oh, ça suffit. Toi, tu m'écoutes... Je suis vraiment heureuse que tu repartes bientôt aux États-Unis. Dommage que ce ne soit pas demain!

| REPRISE |

In this episode, you heard the characters:

• Talk about music and theater

RACHID Bon... que pensez-vous du spectacle?

AMINA Euh... c'est ma comédie musicale préférée. Les danseurs étaient excellents.

DAVID Oui, et l'orchestre aussi!

RACHID Et les costumes, comment tu les as trouvés, Amina?

AMINA Très beaux!

Roman-photo Videoscript

• Use the subjunctive with doubt

DAVID Mais je doute qu'elle devienne une chanteuse célèbre.

DAVID Eh bien, la musique, la chanson… je doute que ce soit ta vocation.

• And use some irregular subjunctive forms

DAVID Croyez-vous que ce soit mieux qu'elle le sache?

SANDRINE Il vaut mieux que je m'en aille. Bonne journée, Madame Forestier.

• Use possessive pronouns

SANDRINE C'est vrai? C'est la mienne aussi! J'adore cette chanson.

Leçon 7B

AU REVOIR, DAVID!

ACTION

At Sandrine's…

AMINA Mmm… Qu'est-ce qui sent si bon?

SANDRINE C'est un gâteau pour David.

AMINA Pour David?!

SANDRINE Il repart demain aux États-Unis, tu sais. Tu te rends compte? Il a passé presqu'un an avec nous. Comme le temps passe vite!

AMINA David et toi, vous avez décidé de ne plus vous disputer?

SANDRINE Oh, c'est de l'histoire ancienne.

AMINA Vous deux, c'est comme dans un feuilleton. Un jour, vous vous disputez, vous vous détestez, et puis… quelques jours après, vous vous réconciliez.

SANDRINE J'étais tellement en colère contre lui ce jour-là, mais depuis, j'ai beaucoup réfléchi à ce qu'il m'a dit.

AMINA Et alors…?

SANDRINE En fait, David m'a aidée.

AMINA Comment ça?

SANDRINE Je pense qu'il a raison. Ma vraie passion, ce n'est pas la musique.

AMINA Non? Mais alors, c'est quoi, ta vraie passion?

SANDRINE Ce que j'aime… non… ce que j'adore, c'est cuisiner! J'ai décidé de devenir chef de cuisine!

AMINA Ça, c'est une excellente idée.

SANDRINE N'est-ce pas? Et j'ai aussi décidé de préparer ce gâteau pour la fête de ce soir.

AMINA Et moi qui pensais que tu ne voudrais pas y aller…

SANDRINE Mais… David ne peut pas partir sans que je lui dise au revoir!

At the P'tit Bistrot…

SANDRINE Stéphane, tu ne veux pas nous aider à préparer la fête?

STÉPHANE Oui oui, une minute, s'il te plaît.

SANDRINE Mais, qu'est-ce que tu lis de si intéressant? Oh là là, *L'Histoire des Républiques Françaises*. Ah, oui, je vois… j'ai entendu dire que tu devais repasser une partie du bac.

STÉPHANE Oui, je dois absolument réussir cette fois-ci. Mais une fois l'examen passé, je retourne à mes passion, le foot, les jeux vidéo, les films de science-fiction, les romans policiers et les jeux télévisés.

SANDRINE Chut… ta mère va t'entendre.

STÉPHANE (*speaking more loudly and with a serious tone*) Oui, je t'assure, les documentaires et les infos sont mes nouvelles passions.

At David's party…

ASTRID Elle est jolie, ta jupe, Amina. C'est une de tes créations, n'est-ce pas?

AMINA Oui, merci, c'est exact.

SANDRINE Cet été, Amina participe à un défilé de mode à Paris.

AMINA N'exagérons rien, Sandrine. C'est une petite présentation des collections de plusieurs jeunes stylistes.

SANDRINE Tu es trop modeste, Amina. Tu vas montrer ce chef-d'œuvre?

AMINA Oui, cette jupe-ci, la robe que j'ai faite pour toi et d'autres modèles, bien sûr.

RACHID Elle n'est pas géniale, ma chérie? Belle, intelligente, douée…

AMINA Toi aussi, tu as de bonnes nouvelles, n'est-ce pas?

SANDRINE Ah bon?

RACHID Oh, ce n'est pas grand-chose.

AMINA Au contraire, c'est très important!

SANDRINE Vas-y, dis-nous tout, avant que je ne perde patience!

RACHID Et bien, ça y est, j'ai mon diplôme!

AMINA Ah, mais, ce n'est pas tout! Il a eu mention très bien!

SANDRINE Bravo, Rachid!

ASTRID Oui, félicitations!

VALÉRIE S'il vous plaît. Nous sommes ici ce soir pour dire au revoir et bon voyage à David, qui repart demain aux États-Unis. Alors, David, comment s'est passée ton année à Aix-en-Provence?

DAVID Oh, ça a été fantastique! Je ne connaissais personne à mon arrivée, mais j'ai rapidement trouvé un coloc super! Et puis, j'ai fait la connaissance de quelques femmes absolument formidables. Mais surtout, je me suis fait des amis pour la vie...

ASTRID Quand est-ce que tu vas revenir nous voir, David?

DAVID Eh bien, j'ai l'intention de revenir l'année prochaine pour organiser une exposition de tous mes tableaux au P'tit Bistrot, à condition, bien sûr, que Madame Forestier accepte.

VALÉRIE Oui, bien sûr. Allez, une photo. Vite, vite!

TOUS Viens! On sourit! (*The group gets together for Valérie to take a photo.*)

VALÉRIE Allez! Souriez! Attention! Ouais, super!

DAVID (*to Sandrine*) Je te fais la bise, ma belle!

REPRISE

In this episode, you heard the characters:

• Talk about TV, movies, and books

SANDRINE Mais, qu'est-ce que tu lis de si intéressant? Oh là là, *L'Histoire des Républiques Françaises*.

STÉPHANE Mais une fois l'examen passé je retourne à mes passions, le foot, les jeux vidéo, les films de science-fiction, les romans policiers et les jeux télévisés.

SANDRINE Chut... ta mère va t'entendre.

STÉPHANE Oui, je t'assure, les documentaires et les infos sont mes nouvelles passions.

• And use the subjunctive with conjunctions

SANDRINE Vas-y, dis-nous tout, avant que je ne perde patience!

DAVID J'ai l'intention de revenir l'année prochaine pour organiser une exposition de tous mes tableaux au P'tit Bistrot, à condition, bien sûr, que Madame Forestier accepte.

SANDRINE David ne peut pas partir sans que je lui dise au revoir.

NARRATRICE Au revoir!

Roman-photo Videoscript

Unité Préliminaire

Leçon PA

THE SURPRISE VISIT

1 *In town, Pascal drops his bouquet.*

PASCAL Ouch!

RACHID Here. (*He helps Pascal*)

PASCAL Oh, thank you.

RACHID Ouch!

PASCAL Oh pardon me, I'm really sorry!

RACHID It's nothing.

PASCAL Have a good day!

2 *At Sandrine's...*

RACHID Hey, hi, David! Say, this is not student housing, here! Your place is big! You are not moving, after all?

DAVID Thankfully, Sandrine decided to stay.

SANDRINE Yes, I am very happy in this apartment. However, the rent is very expensive downtown.

3 **RACHID** Yes, unfortunately! How many rooms do you have?

SANDRINE There are three rooms: the living room, the dining room, and my room. Of course there's a kitchen and also a big bathroom. Shall I give you a tour?

4 **SANDRINE** Here is the dining room.

RACHID This is a very important room for us, the guests.

5 **SANDRINE** And then, the kitchen.

RACHID An important room for Sandrine...

DAVID Evidently!

6 **SANDRINE** And here's my room.

RACHID It's pretty!

SANDRINE Yes... I like green.

7 **RACHID** Say, it's true, Sandrine, your bathroom is really big.

DAVID Yes! And it has a nice mirror above the sink and a bathtub!

RACHID At our place, we only have a shower.

SANDRINE Me, in fact, I actually prefer showers.

8 **RACHID** Compared to this apartment, ours is a cave! No decorations, just posters, a couch, some shelves, and my desk.

DAVID It's true. We don't even have curtains.

9 **SANDRINE** But Pascal... I thought you had to work... What? You are here? Now? It's a joke!

PASCAL But sweetie, I took the train to surprise you...

10 **SANDRINE** A surprise! The two of us, it's over! First, you tell me that a vacation with me is impossible, then you come to Aix without calling me!

PASCAL Fine, if you're going to be like this, stay where you are. Don't come down. I am leaving. Here are your flowers. Talk about a surprise!

Leçon PB

LIFE WITHOUT PASCAL

1 *At the P'tit Bistrot...*

MICHÈLE Is everything okay, Amina?

AMINA Yes, fine, thanks. (*on the phone*) Hello?... What is it, Sandrine?... No, I didn't know, but frankly, I'm not surprised... Listen, I will be at your house in fifteen minutes, OK?... See you soon!

2 **MICHÈLE** Shall I clear the table?

AMINA Yes, thank you, and bring me the check, please.

MICHÈLE Right away.

3 **VALÉRIE** Did you make your bed this morning?

STÉPHANE Yes, mom.

VALÉRIE Did you tidy up your room?

STÉPHANE Uh... yes, this morning while you were doing the laundry.

4 **VALÉRIE** Hmm... and the dishes? Did you do the dishes?

STÉPHANE No, not yet, but...

MICHÈLE I need the check for Amina.

VALÉRIE Stéphane, you must do the dishes before going out.

STÉPHANE Fine, OK, I'm on my way!

5 **VALÉRIE** Ah Michèle, we have to take out the trash this evening!

MICHÈLE Yes, count on me, Mrs. Forestier.

VALÉRIE Very well! Me, I'm leaving, it's time to make dinner.

6 *At Sandrine's...*

SANDRINE Hi, Amina! Thanks for coming.

AMINA Mmmm. What smells so good?

SANDRINE There are chocolate cookies in the oven.

AMINA Oh, were you preparing them when you called me?

7 **SANDRINE** Are you thirsty?

AMINA A little, yes.

SANDRINE Help yourself. I have fruit juice in the refrigerator.

8 (*Sandrine breaks a plate.*)

SANDRINE Oh darn!

AMINA Is everything okay, Sandrine?

SANDRINE Yes, yes... pass me the broom, please.

AMINA Don't forget to sweep under the stove.

SANDRINE I know! Excuse me, Amina. Like I told you on the phone, Pascal and I, it's over.

9 **SANDRINE** He was really tiresome. In short, I am in a bad mood today.

AMINA Don't worry about it, I understand.

SANDRINE You, you're lucky.

AMINA Why do you say that?

SANDRINE You have your Cyberhomme. Are you going to meet him one of these days?

AMINA Oh... I don't know if that's a good idea.

10 **SANDRINE** Why not?

AMINA Sandrine, you have to be careful in life, and I don't really know him, you know.

SANDRINE As always, you're right. But after all, a cyberhomme is a little better than a regular boyfriend. Or else an artistic, charming, and handsome boyfriend, then.

AMINA And American?

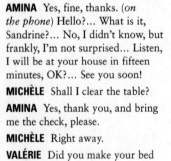

Unité 1   Leçon 1A

AT THE SUPERMARKET

1   *At the supermarket...*

AMINA What time is it? Sandrine should have been here at 2:15. We've been waiting for her for fifteen minutes!

DAVID She will come!

AMINA But why is she late?

DAVID Maybe she just left school.

2   *In town...*

STÉPHANE Hey! Sandrine!

SANDRINE Hi, Stéphane, I am in a big hurry! David and Amina have been waiting for me at the supermarket for twenty minutes.

STÉPHANE What time should we come tonight, my mother and I?

SANDRINE At 7:30.

3 **STÉPHANE** OK. What can we bring?

SANDRINE Oh, nothing.

STÉPHANE But my mother insists.

SANDRINE OK, a salad, if you want.

4 **STÉPHANE** But what kind?

SANDRINE Uh, a tomato salad or... maybe a green salad... Sorry, Stéphane, I am in a big hurry!

STÉPHANE A tuna salad maybe? Mom makes a delicious tuna salad!

SANDRINE Whatever you want!

5 **SANDRINE** I'm late... I am really sorry. I didn't want to make you wait, but I just ran into Stéphane and, before that, my French professor kept me for twenty minutes!

DAVID Oh, it's no big deal!

AMINA Well, shall we go shopping?

6 **AMINA** So, Sandrine. What are you going to prepare for us?

SANDRINE A very French meal. I was thinking of crepes.

DAVID Great, I love crepes!

SANDRINE We need mushrooms, some ham and some cheese. And of course eggs, milk, and butter.

7 **SANDRINE** Oh, no! Actually, I'm going to prepare a beef Burgundy.

AMINA What do we need then?

SANDRINE Beef, carrots, onions...

DAVID Mmm... It will be good!

8 **AMINA** But beef Burgundy takes a long time to prepare, doesn't it?

SANDRINE You are right.

SANDRINE Wouldn't you prefer chicken with potatoes au gratin?

AMINA and DAVID Yum!

SANDRINE Then it's decided.

9 **SANDRINE** Here's exactly what I need to start! Two nice chickens!

AMINA You know, Sandrine, singing is great, but you could become a chef if you want!

10 **CASHIER** That's 51 euros and 25 cents, please.

AMINA That's expensive!

DAVID Oh no, Sandrine, you're not paying at all, it's on us!

SANDRINE But, it's my dinner. And you are my guests.

AMINA Out of the question, Sandrine. We are paying!

THE DINNER

1   *Downtown...*

DAVID What did you do downtown?

RACHID I went shopping at the bakery and at the chocolate shop.

DAVID You bought these chocolates for Sandrine?

RACHID Why? Are you jealous? Don't be! She invited us. It's normal to bring something.

2 **DAVID** I don't have a gift. What can I buy her? I can bring her flowers!

At the flower shop...

DAVID Aren't those roses pretty?

RACHID You have fallen in love?

DAVID No! Why do you say that?

RACHID Roses are very romantic.

DAVID Ah... these flowers there are pretty. Is that better?

3 **RACHID** No, it's worse! Chrysanthemums are for funerals.

DAVID Hmmm. I didn't know that it was so hard to choose a bouquet of flowers!

RACHID Look! Those are perfect!

DAVID Are you sure?

RACHID Completely, buy them!

4   *At Sandrine's...*

SANDRINE Good evening... Come in! Oh!

DAVID Here. This is for you.

SANDRINE Oh, David! You shouldn't have, that's very nice!

DAVID I wanted to bring you something.

SANDRINE These are the most beautiful flowers I have ever received! Thank you!

5 **RACHID** Good evening, Sandrine.

SANDRINE Oh, chocolates! Thank you very much.

RACHID I hope we're not too late.

SANDRINE Not at all! Come on! We are in the dining room.

6 **AMINA** Sandrine, can we do something to help you?

SANDRINE Yes, uh, you can finish setting the table, if you want.

VALÉRIE I am going to help you in the kitchen.

AMINA Here, Stéphane. There's the salt and the pepper. Can you put them on the table, please?

SANDRINE Let's eat!

Leçon 1B

7 **SANDRINE** Can I get you something else? A second piece of apple tart, maybe?

VALÉRIE No thanks.

AMINA No thanks. I am on a diet.

SANDRINE And you, David?

DAVID Oh! I ate too much. I can't fit anymore!

STÉPHANE I would like some...

SANDRINE Give me your plate.

8 **STÉPHANE** Here, can you pass it to her, please?

VALÉRIE What a fantastic meal, Sandrine. You have a lot of talent, you know.

RACHID You're right, Mrs. Forestier. [Sandrine,] Your chicken with mushrooms was superb.

9 **STÉPHANE** Yes, and your desserts are the best! This is the most delicious tart in the world!

SANDRINE You are adorable, thank you. Me, I think this apple tart is better than the peach tart I made a few weeks ago.

10 **AMINA** Everything you prepare is good, Sandrine.

DAVID To Sandrine, the greatest chef!

ALL To Sandrine!

Roman-photo Translations

     Unité 1 Roman-photo Translation

Unité 2 Leçon 2A

AN ODD SURPRISE

 At David and Rachid's apartment...

DAVID Oh my, this is not good at all!

RACHID David, will you hurry? It's 7:15. I have to get ready, too!

2 DAVID Don't worry. I am finishing brushing my teeth!

RACHID We have to leave in less than 20 minutes. You don't realize!

DAVID I'm sorry, but we went to bed late last night.

RACHID Yes and we didn't get up on time, but the poli-sci prof doesn't care at all about that.

3 DAVID Wait, I cannot find the comb... Ah, there it is. I'm combing my hair... Two seconds!

RACHID It was really nice last night... We all get along very well and we never get bored with each other...

C'mon, what are you doing? I have to shave, take a shower and get dressed in exactly 17 minutes!

4 DAVID Patience, dear friend!

RACHID What! You haven't taken a shower yet?!

DAVID Don't get angry. I'm coming, I'm coming! There... a little bit of cream on my face, on my neck...

RACHID Are you putting makeup on now?

5 DAVID It's not easy to be handsome, it takes time, you know. Listen, let's not argue. Read the newspaper if you're bored, I'm almost finished.

6 RACHID Well, do you at least want to pass me my toothbrush, the toothpaste and a razor, please?

DAVID Wait one minute. I'm hurrying.

RACHID How can a guy take so long in the bathroom?

7 DAVID Uh, I have a little problem...

RACHID What do you have on your face?

DAVID No idea.

RACHID Do you have a sore throat? Say: "Ah!"

RACHID And your stomach, it's OK?

DAVID Yes, yes, it's OK...

8 RACHID Wait, I'm going to examine your eyes... look to the right, to the left... now close them. Good. Turn around...

DAVID Hey!

9 RACHID Don't worry, it's probably an allergic reaction. Call a doctor and make an appointment. What did you eat yesterday?

DAVID Uh well... I ate a little of everything! Hey! I still haven't finished getting ready!

10 RACHID Patience, dear friend!

Leçon 2B

THE ACCIDENT

1 *At the park...*

RACHID What's the name of the political party that won the election in 1936?

STÉPHANE The Popular Front.

RACHID Exactly. Who was the leader of it?

STÉPHANE I don't remember it.

RACHID Think. Who became president...?

2 AMINA Hi, you two!

RACHID Hello, Amina! (*He falls.*) Ouch!

STÉPHANE Here, give me your hand. Try to get up.

RACHID Wait... no, I can't.

AMINA We are going to take you to a doctor right away. Stéphane, get on the other side. Up! Should we go? Let's go.

3 *At the doctor's...*

DOCTOR So, explain to me what happened.

RACHID Well, I was playing soccer when all of a sudden I fell.

DOCTOR And where does it hurt? Your knee? Your leg? Does it hurt you here?

RACHID No, not really.

4 DOCTOR And there, your ankle?

RACHID Ouch! Yes, that's it!

DOCTOR Can you turn your foot to the right? And to the left? Slowly. The good news is that it's not broken.

RACHID Phew, I was scared.

5 DOCTOR You simply sprained your ankle. So, here's what you are going to do: put ice on it, rest, and that means, no soccer for at least a week, and take pain relief medicine. I will write you a prescription right away.

RACHID Thank you, Doctor Beaumarchais.

6 AMINA Ah, here you are, Rachid!

STÉPHANE So, did you break your leg? Uh... can you still play soccer?

AMINA Stéphane!

RACHID Not for now, no; but don't worry. After a few weeks of rest, I will get better fast and get back in shape.

7 AMINA What did the doctor say?

RACHID Oh, it's not serious. I sprained my ankle. That's all.

AMINA Ah, that's good news. Well, shall we go back?

RACHID Yes, gladly. Say, can we pass by the pharmacy?

AMINA Of course!

8 *At David and Rachid's apartment...*

DAVID Rachid! What happened to you?

RACHID We were playing soccer and I fell. I sprained my ankle.

DAVID Oh! How dumb!

AMINA Well, we are going to put ice on your ankle. Is there any in the freezer?

DAVID Yes, there is some in there.

9 STÉPHANE And you, David, what happened to you? You're being a clown or what?

DAVID Ha ha... Very funny, Stéphane.

AMINA Does it hurt?

DAVID No. It's just an allergy. It is starting to get better. I went to the emergency room. They gave me a shot and gave me medicine. It will go away. In the meantime, I have to avoid the sun.

10 STÉPHANE You make a real pair, you two!

AMINA C'mon, Stéphane. Let's leave them alone. Bye, you two. Rest up!

RACHID Thanks! Bye!

DAVID Bye!

DAVID Hey! Give me back the remote. I was watching that movie...

Roman-photo Translations

WHO IS CYBERHOMME?

 1 *At David and Rachid's apartment...*

RACHID Oh hey, David! May I have a bit of silence? I can't work!

DAVID What are you saying?

RACHID I'm saying that I cannot concentrate! The television is on, you're not even watching it, and at the same time, the stereo is on, and you're not listening to it!

2 **DAVID** Oh, sorry, Rachid.

RACHID Oh, finally we can hear each other speak and think! What are you playing?

DAVID A great video game!

RACHID You aren't studying? Don't you have a paper to do? Monday, that's in two days!

DAVID OK... I will start it.

3 *At the café...*

SANDRINE You have another e-mail from Cyberhomme? What does he say?

AMINA Oh, he is super nice, listen: "Dear Technofemme, I don't know how to tell you how much I love reading your messages. We get along so well and we have a lot of things in common. I have a feeling that you and I, we can tell each other everything."

 4 **SANDRINE** Your Cyberhomme is adorable! Keep going! Does he want to meet you in person?

VALÉRIE Whom are you going to meet, Amina? Who is this Cyberhomme?

SANDRINE Amina met him over the Internet. They have been writing each other for quite a while, right, Amina?

5 **AMINA** Yes, but like I already told you, I don't know if it's a good idea to meet in person. Writing each other e-mail, that's one thing; arranging to meet, that can be dangerous.

VALÉRIE Amina is right, Sandrine. You never know.

SANDRINE But he is charming and so romantic...

6 *At David and Rachid's apartment...*

DAVID And there, Rachid! I finished my paper.

RACHID Bravo!

DAVID Now, I will print it.

RACHID Don't forget to save it.

DAVID Oh, no!

RACHID You didn't save it?

7 **DAVID** Yes I did, but... Wait... the program is restarting. It can't be true! It erased the last four paragraphs. Oh no!

RACHID Call Amina. She's a pro at computers. Maybe she can retrieve the last version from your file.

DAVID Help, Amina! I need your talents.

8 *A little later...*

AMINA That's it, David. Here's your paper.

DAVID You saved my life!

AMINA It wasn't much, but you know, David, you have to save at least every five minutes in order not to not have any problem[s].

DAVID Yes, it's stupid of me.

9 **RACHID** Thanks, Amina. You saved my life, too. Maybe now I will be able to concentrate.

AMINA Oh? And what are you working on? It's not possible!... You are Cyberhomme?!

10 **RACHID** And you, you're Technofemme?!

DAVID Of course, you told me that yourself: Amina is a pro at computers.

Leçon 3B

THE BREAKDOWN

 1 *At the service station...*

MECHANIC Your car is beautiful! What year is it?

RACHID It is from 2005.

MECHANIC Should I check the oil or the tire pressure?

RACHID No, thanks, that's ok. I am in a little hurry actually. Good-bye.

 2 *At the P'tit Bistrot...*

SANDRINE Your Cyberhomme, it's Rachid! What a coincidence!

AMINA It's incredible, no? I knew that he lived in Aix, but...

VALÉRIE A true little love story, like in the movies!

SANDRINE That's exactly what I was thinking!

3 **AMINA** Rachid is coming in a few minutes. Does this color go with my skirt?

SANDRINE Did you hear her? Do you think she might be in love?

AMINA Stop talking nonsense!

4 **SANDRINE** Oh, look, he's giving her flowers.

RACHID Hello, Amina. Here, this is for you.

AMINA Hello, Rachid. Oh, thank you, that's nice.

RACHID You look very beautiful tonight.

AMINA Thanks.

5 **RACHID** Wait, let me open the car door for you.

AMINA Thanks.

RACHID Don't forget to fasten your seatbelt.

AMINA Yes, of course.

6 **RACHID** Oh no!!

AMINA What's the matter? A problem?

RACHID I don't know, I have a warning light that lit up.

AMINA Let's go to the service station.

RACHID Yes... that's a good idea.

7 *Back at the service station...*

MECHANIC Oh! You are back. But what is going on? Can I help you?

RACHID I hope so. There is something wrong, maybe with the engine, look. This warning light is on.

MECHANIC Oh, that? That's the oil. I can take care of that right away.

8 **MECHANIC** Can you restart the car? And there [you go].

RACHID Perfect. Good-bye. Have a good day.

MECHANIC Have a good trip!

9 **AMINA** Fortunately, it was nothing serious. What time is our reservation?

RACHID Oh! This isn't true!

10 **AMINA** What was it?

RACHID We have a flat tire.

AMINA Oh, no!!

 *Roman-photo Translations*

Unité 4

RUNNING ERRANDS

1 *At the deli...*

EMPLOYÉE Hello, miss, sir. What can I get you?

RACHID Hello, ma'am, four slices of pâté and a carrot salad for two, please.

EMPLOYÉE And with that?

RACHID Two slices of ham, please.

2 **RACHID** Do you take credit cards?

EMPLOYÉE Oh sorry, sir, we only accept payment in cash.

RACHID Amina, I just realized I don't have any cash on me!

AMINA It's no problem, I have it. Here.

3 *On the street...*

RACHID Thanks, dear. Let's go to the bank before going to the park.

AMINA But it's noon on a Saturday, the bank is closed.

RACHID Maybe, but there's always the ATM.

AMINA Well OK... I have some errands to run later this afternoon. Do you want to come with me?

FINDING ONE'S WAY

1 *At Mr. Hulot's kiosk...*

MR. HULOT Hello, sir.

TOURIST Hello.

MR. HULOT Three euros, please.

TOURIST I don't have any change.

MR. HULOT Here are five, six, seven euros to make ten. Thank you.

TOURIST Excuse me, where is the post office, please?

2 **MR. HULOT** Uh... it's over there... Ah...no...uh...let's see...you take this street there and...uh, no, no...I don't really know how to explain it to you... Wait, do you see the café right over there? There will surely be someone there who will know how to tell you how to get there.

TOURIST Ah, thank you, sir, good-bye!

3 *At the P'tit Bistrot...*

SANDRINE What are you going to do next weekend?

RACHID I think we will go for a hike at Sainte-Victoire.

AMINA Yes, I hope it'll be nice out!

DAVID If it doesn't rain, we will go to the Pauline Ester outdoor

4 **RACHID** Gladly. Where are you going?

AMINA I have to go to the post office to buy stamps and send some postcards, and then I would like to go to the jewelry store. I received an e-mail from the jewelry store that sells the jewelry I make. Look.

RACHID Very pretty!

5 **AMINA** Yes, you like it? And after that, I have to go to the Olivia boutique where they sell my clothes.

RACHID You also sell clothing in a boutique?

AMINA Yes, my creations! I study fashion design, don't you remember?

RACHID Yes, of course, but... You really have talent.

6 *In another part of town...*

DAVID Do you like cuisine from Alsace?

SANDRINE Yes, I love sauerkraut!

DAVID Do you want to go to La Petite France brasserie? It's my treat.

SANDRINE OK, with pleasure.

DAVID Excellent! Before we go, we must find an ATM.

concert. She is Sandrine's favorite singer, right dear?

4 **SANDRINE** Absolutely! "Yes, I adore him, he's my love, my treasure..."

AMINA Pauline Ester! Do you like music from the 90s?

SANDRINE Not all styles of music, but Pauline Ester, yes.

AMINA Like they say, one doesn't discuss taste and colors.

RACHID You don't like Pauline Ester, sweetheart?

5 **TOURIST** Excuse me, do you know where the post office is, please?

RACHID Yes, it's not far from here. Go down the street, over there, then continue until the traffic light and turn left.

6 **DAVID** No! Right!

RACHID No, left! Then, you go straight, you cross Mirabeau Street and it's right there, across from the fountain of the rotunda, next to the train station.

DAVID No, it's next to the Tourism Office.

7 **TOURIST** Uh, thanks, I... I will find it myself. Good-bye.

ALL Have a good day, sir.

Leçon 4A

SANDRINE There's one next to the bank.

7 *At the ATM...*

SANDRINE Hey look who's in line!

RACHID Hey, hi, what are you up to?

SANDRINE We are going to the brasserie. Do you want to come with us?

8 **AMINA** No, no! Uh... I mean... Rachid and I, we are going to have a picnic in the park.

RACHID Yes, and after that, Amina has a few important errands to run.

SANDRINE I understand, no problem... David and I, we have things to do this afternoon as well.

9 **AMINA** So! We no longer need to look for a Cyberhomme?

SANDRINE For the moment, I'm not looking for anyone. David is great.

10 **DAVID** What are you talking about?

SANDRINE Oh, nothing important.

RACHID Well, Amina. Shall we go?

AMINA Yes. Have a good afternoon.

SANDRINE You, too.

Leçon 4B

8 *Outside the café...*

STÉPHANE Hello, can I help you?

TOURIST I hope so.

STÉPHANE Are you lost?

TOURIST Exactly. I am looking for the post office.

9 **STÉPHANE** The post office? It's very simple.

TOURIST Oh really! Is it far from here?

STÉPHANE No, not at all. It's very close. You take that street on the left. You continue until Mirabeau Street. Do you know it?

TOURIST No, I'm not from here.

STÉPHANE Well... Mirabeau Street, it's the main boulevard of town.

10 **STÉPHANE** So, once you are at Mirabeau Street, you will turn left and follow the street until the rotunda. You will see it. There is a big fountain. Behind the fountain, you will find the post office, and there you have it!

TOURIST Thank you very much.

STÉPHANE You're welcome. Good-bye!

THE BAC

1 *After the bac...*
STÉPHANE Hi, Astrid. So, do you think you passed the *bac*?

ASTRID Frankly, I think so. And you?

STÉPHANE I don't know, it was quite difficult. But at least, it's over and that's the most important thing for me!

2 **ASTRID** What are you going to do once you have the *bac*?

STÉPHANE No idea, Astrid. I applied to the university for architecture.

ASTRID Really? Which one?

STÉPHANE The University of Marseille, but I don't have a response yet. So, Miss "I have my whole life planned", do you already know what you will do?

3 **ASTRID** Of course! I will go to the University of Bordeaux and as soon as I pass the first-year exam, I will continue in medicine.

STÉPHANE Oh really? For me, studying is over for now. We just took the *bac*, we must celebrate that! Returning (to school) is a long way off.

4 **STÉPHANE** Listen, I must call my mother. Can I borrow your phone card, please?

ASTRID Yes, of course. Here.
STÉPHANE Thanks.
ASTRID Well... I should get home. My family is waiting for me. Bye.
STÉPHANE Bye.

5 **VALÉRIE** Hello. The *P'tit Bistrot*...
VALÉRIE Hello. Who's calling, please?
STÉPHANE Mom, it's me!
VALÉRIE Stéphane! So, how was it? Do you think you passed?
STÉPHANE Yes, of course, mom. Don't worry!

6 **VALÉRIE** Of course I worry! It's normal.
STÉPHANE You know, after all, it wasn't that difficult.
VALÉRIE Oh really? Do you know when you will have the results?
STÉPHANE In two weeks.
VALÉRIE While waiting, you must make decisions to prepare for the future.

7 **STÉPHANE** The future! That's all you and Astrid talk about. Oh, mom, I am so happy today! For the time being, I would just like to make plans for the weekend.
VALÉRIE OK, Stéphane. I understand. Are you coming home now?

8 **STÉPHANE** Yes, mom. I will be there in fifteen minutes.
At the P'tit Bistrot...
JEUNE FEMME Hello, ma'am. I am looking for a job for this summer. Are you hiring at this time?
VALÉRIE Uh, well, it's possible. In the summer generally we have many customers from other countries. Do you speak English?
JEUNE FEMME Yes, that's what I am studying at the university.

9 **VALÉRIE** And have you worked in a café before?
JEUNE FEMME Uh well, last summer I worked at *Les Deux Escargots* café. You can call them to get a reference if you want one. Here is their telephone number.
VALÉRIE Good-bye, and maybe I'll see you soon!

10 **MICHÈLE** I have an appointment for an interview with the Dupont Company... It's the company that has that opening for a receptionist... Are you crazy? I cannot ask Mrs. Forestier for a letter of recommendation... Of course, we will go to dinner to celebrate as soon as I have a new job.

I RESIGN!

1 **AMINA** So, Sandrine, your concert, will that be the first time that you sing in public?
SANDRINE Yes, and I'm a bit nervous!
AMINA Ah! You have stage fright!
SANDRINE A bit, yes. You are always so brave, you have self confidence, you're afraid of nothing...

2 **AMINA** But Sandrine, self confidence, it's here in your heart and here in your head. I have an idea! Wearing a great dress would give you courage.
SANDRINE You think? But, I don't have one...
AMINA I'll take care of that. What kind of dress would you like? Follow me!

3 **AMINA** What do you think of this black fabric?
SANDRINE Oh! It's beautiful!
AMINA It would be perfect for an evening gown.
SANDRINE If you say so. If I made this dress, it would end up with one short sleeve and one long sleeve!

4 **AMINA** I could make you one like this, if you would like.

SANDRINE I would prefer one of your creations. If you ever need anything someday, tell me.
AMINA Oh, Sandrine, I'm going to make you a dress that will make you happy.
SANDRINE Could I make you a chocolate cake?
AMINA Mmmm... I wouldn't say no.

5 *At the high school...*
ASTRID Stéphane, the big day! We will finally know the results of the *bac*! I am so nervous. Aren't you?
STÉPHANE No, not really. It's just that if I fail, my mother is going to strangle me. Hey! Congratulations, Astrid! You passed! With even an honorable mention!
ASTRID And you?

6 **STÉPHANE** Wait. Forestier, Stéphane... It's not possible!
ASTRID What, what is it?
STÉPHANE I must retake one part of the exam next week.
ASTRID Oh, it's not true! Maybe there's a mistake. Stéphane, wait!

7 *At the P'tit Bistrot...*
MICHÈLE Excuse me, ma'am. Would you have a minute?

VALÉRIE Yes, of course!
MICHÈLE I've worked here at the *P'tit Bistrot* for two years. Would it be possible to get a raise?

8 **VALÉRIE** Michèle, being a waitress, is a difficult profession, but the salaries are modest!
MICHÈLE Yes, I know, ma'am. I am not asking you for a very high salary, but... it's for my family.
VALÉRIE Sorry, Michèle, I would really like to, but it's not possible now. Maybe in a few months...

9 **MICHÈLE** No, ma'am! In a few months, I will have already left. I resign! I will take the rest of my vacation starting today.
VALÉRIE But Michèle, wait! Stéphane, here you are. Where are you going? You got the results of the *bac*, didn't you? What's wrong?

10 **STÉPHANE** Mom, I'm sorry, but I will have to retake a part of the exam.
VALÉRIE Oh! Stéphane!
STÉPHANE Well, listen mom, here is what I will do: study night and day until next week: no sports, no video games, no television. I will go to the university, mom. I promise you.

Roman-photo Translations

A FLASH OF INSPIRATION

1 *At the P'tit Bistrot...*

VALÉRIE Stéphane, my dear, can you bring the glass bottles to be recycled, please?

STÉPHANE Yes, of course, mom.

VALÉRIE Oh, and then, that plastic packaging as well.

STÉPHANE Yes, I will do that right away.

2 **RACHID and AMINA** Hello, Mrs. Forestier!

VALÉRIE Hello to you two.

AMINA Where is Michèle?

VALÉRIE I have no idea.

RACHID But, she isn't coming today?

VALÉRIE No, she isn't coming today, or tomorrow, or next week.

3 **AMINA** Is she on vacation?

VALÉRIE She resigned.

RACHID But why?

AMINA That is none of our business!

VALÉRIE Oh, it's OK, I can tell you. Michèle wanted another job.

RACHID What kind of job?

VALÉRIE Not this one anymore... She wanted a raise, it wasn't possible.

4 **DAVID** Hello, everyone. Have you read the newspaper this morning? I have to tell you about this article on pollution. I learned a lot of things about acid rain, the hole in the ozone layer, the green house effect...

AMINA Oh, David, what a drag.

RACHID C'mon, sit down and eat lunch with us.

5 *A little later...*

RACHID Your concert is in a week, right Sandrine?

SANDRINE Yes.

RACHID What are you going to sing?

SANDRINE Listen, Rachid, I don't really want to talk about that.

6 **DAVID** Mrs. Forestier, have you heard the news? I am returning to the United States.

VALÉRIE You are going back to the United States?

DAVID In three weeks.

VALÉRIE You don't have much time left in Aix, then!

SANDRINE Yes. We know.

DAVID We have to spend the rest of my stay in a good mood, OK?

7 **RACHID** Oh, but really, everyone seems sad today!

AMINA Yes. Let's think of something to better the situation. Do you have an idea?

RACHID Yes, maybe.

AMINA Tell me. Excellent idea!

RACHID You think? Are you sure? Well... listen, I have an idea.

8 **DAVID** What is your idea?

RACHID Everyone seems sad today. What if we go to the Sainte-Victoire mountain this weekend. What do you say?

DAVID Yes! I would love to go there. I love drawing outside.

9 **SANDRINE** Yes, may be...

AMINA C'mon! This will do us good! Farewell to city pollution. For us, it's pure country air! What do you think about that, Sandrine?

SANDRINE Well, OK.

10 **AMINA** Super! And you, Mrs. Forestier? You and Stéphane need some rest, too, you should absolutely come with us!

VALÉRIE In fact, I think that it's an excellent idea!

Leçon 6B

THE HIKE

1 *In the mountains...*

DAVID It's so pretty!

VALÉRIE It's your first time at the Sainte-Victoire mountain?

DAVID No, in fact, I come here often to draw, but unfortunately this is maybe the last time. It's a shame that I have so little time.

2 **SANDRINE** I would prefer to talk about something else.

AMINA She is right, we came here to have a good time.

STÉPHANE Here, and if we try to find snakes?

AMINA Snakes here?

RACHID Don't worry, my dear. As a precaution, I suggest that you stay close to me.

3 **RACHID** But there's no need to be so anxious.

SANDRINE It's very romantic here, isn't it?

DAVID What? Uh, yes, um...

VALÉRIE Before starting our hike, I propose we visit the Maison Sainte-Victoire.

AMINA Great idea. Let's go!

4 *At the Maison Sainte-Victoire*

GUIDE Ladies and gentlemen, hello and welcome. Is this your first visit to the Maison Sainte-Victoire?

STÉPHANE For me, yes.

GUIDE The Maison Sainte-Victoire was built after the 1989 fire, which destroyed a large part of the forest.

5 **GUIDE** Now, the mountain is a protected space.

DAVID Protected? How?

GUIDE And well, we take care of the management of the mountain and the forest. Our mission is nature and natural habitat preservation and the prevention of fires. Shall I give you a tour of the museum?

VALÉRIE Yes, gladly!

6 *After the picnic...*

DAVID But you were hungry, Sandrine!

SANDRINE Yes. Why?

DAVID You ate as much as Stéphane!

SANDRINE It's normal, we walked a lot, that gives you an appetite. And what's more, the cheese is delicious!

DAVID But, you can eat as much cheese as you want, my dear.

7 *Stéphane drops a napkin...*

VALÉRIE Stéphane! What are you throwing on the ground? It is essential that we leave this place clean!

STÉPHANE Don't worry, mom. I was going to put it in the garbage later.

8 **SANDRINE** David, I would like you to do a portrait of me, here, on the mountain. Does that appeal to you?

DAVID Maybe a little later... This mountain is so beautiful!

VALÉRIE David, you are like Cézanne. He came here everyday to draw. The Sainte-Victoire mountain was one of his favorite subjects.

9 **RACHID** Here, dear.

AMINA Thank you, that flower is very pretty.

RACHID Yes, but you, you are even prettier. You are prettier than all of the flowers in nature combined!

AMINA Rachid...

10 **RACHID** Shhh! Don't say anything... Stéphane! Leave us alone.

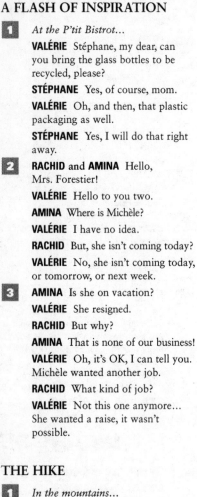

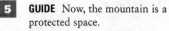

Unité 7

AFTER THE CONCERT

1 *After the concert...*
RACHID Well... what do you think of the show?

AMINA Uh... it's my favorite musical comedy. The dancers were excellent.

DAVID Yes, and the orchestra, too!

2 **RACHID** And the costumes, what did you think of them, Amina?

AMINA Very beautiful!

RACHID Me, I think that the dress that you made for Sandrine was the prettiest of all the costumes.

AMINA Really?

DAVID Hey! There's Sandrine.

3 **SANDRINE** Did you hear the applause? I can't believe that applause was for me... and the whole group, of course!

DAVID Yes, it's really incredible!

SANDRINE So, did you like our show?

RACHID Yes! Amina just told us that it was her favorite musical comedy.

4 **SANDRINE** Is that true? It's mine too. I love that song!

DAVID Uh... Sandrine, you are beautiful in that dress!

SANDRINE Thank you, David. It looks really good on me, doesn't it? And you, Amina, thank you a thousand times!

5 *At the P'tit Bistrot...*
VALÉRIE So how was the play?

DAVID It was a musical comedy.

VALÉRIE Oh! So, how was it?

DAVID Not bad. The dancers and the orchestra were great.

VALÉRIE And the singers?

DAVID Hmmm... not bad.

6 **VALÉRIE** And Sandrine?

DAVID Sandrine? So-so... To tell the truth, it wasn't great... That's the least you can say.

VALÉRIE Oh really?

DAVID As an actress she's not bad. She played her role well, but it's obvious that she does not know how to sing.

VALÉRIE You didn't tell her that, I hope!

7 **DAVID** Well, no, but... I doubt that she will become a famous singer! That's her dream. Do you think it would be better if she knew it?

SANDRINE You said enough, David.

DAVID Sandrine! I didn't know that you were there.

SANDRINE Obviously! I'd better go.

8 *Outside the café...*
DAVID Sandrine! Wait!

SANDRINE What for?

DAVID I would like to explain... It's clear that...

SANDRINE Listen, what's clear is that you don't know anything about music or me!

9 **DAVID** Sandrine, I am sorry to have hurt you, but it's necessary that someone be honest with you.

SANDRINE About what?

DAVID Well, singing... I doubt that it's your professional calling.

SANDRINE You doubt that? Well, I'm certain... certain that I never want to see you again. It's over, David.

10 **DAVID** But, Sandrine, listen to me! It's for your own good that I'm telling you...

SANDRINE That's enough. You, you listen to me... I am really happy that soon you're going back to the U.S. Too bad it's not tomorrow!

GOOD-BYE, DAVID!

1 *At Sandrine's...*
AMINA What smells so good?

SANDRINE It's a cake for David. He goes back to the United States tomorrow, you know.

AMINA David and you, you decided to stop fighting?

SANDRINE Oh, that's an old story.

AMINA It's like a soap opera. You fight, you hate each other. You make up.

2 **SANDRINE** I was so angry with him that day, but then, I thought a lot about what he said to me.

AMINA And so...?

SANDRINE In fact, David helped me.

AMINA How?

SANDRINE My true passion isn't music.

AMINA What is your true passion?

3 **SANDRINE** I've decided to become a chef!

AMINA That's a great idea.

SANDRINE Isn't it? And I have also decided to make a cake for the party tonight.

AMINA And I thought that you wouldn't even go...

SANDRINE But... David can't leave without my saying good-bye to him!

4 *At the P'tit Bistrot...*
SANDRINE Stéphane, don't you want to help prepare the party?

STÉPHANE One minute, please.

SANDRINE But, what are you reading that's so interesting? Oh, goodness *The History of the French Republics.* Ah, yes, I see... I heard them say that you must retake part of the *bac.*

5 **STÉPHANE** Yes, I absolutely must pass this time, but once I've taken the exam I will return to my passions—soccer, video games...

SANDRINE Shh... your mother will hear you.

STÉPHANE Yes, I assure you, documentaries and the news are my new passions.

6 **ASTRID** Your skirt is pretty. It's one of your creations, isn't it?

SANDRINE This summer, Amina is doing a fashion show in Paris.

AMINA Let's not exaggerate... It's a small presentation of various young stylists' collections.

SANDRINE Are you going to show this masterpiece?

7 **AMINA** Yes, this skirt, the dress that I made for you, and other styles.

RACHID Isn't she great, my girl? Beautiful, intelligent, gifted...

AMINA You too, you have good news, right?

SANDRINE Oh really?

RACHID Oh, it's nothing.

8 **AMINA** On the contrary, it's very important!

SANDRINE C'mon, tell us everything, before I lose patience!

RACHID I have my diploma!

AMINA Oh, but that's not everything! He received an honorable mention!

SANDRINE Bravo, Rachid!

ASTRID Yes, congratulations!

9 **VALÉRIE** Please. We are here tonight to say good-bye and to wish a good trip home to David, who goes back to the United States tomorrow. So, David, how was your year in Aix?

DAVID It's been fantastic! I didn't know anyone upon my arrival, but I quickly found an awesome roommate! I've met some great women.

10 **DAVID** But above all, I've made friends for life...

ASTRID When are you going to come back to see us, David?

DAVID Well, I intend to return next year to organize an exhibition of all of my paintings at the *P'tit Bistrot,* on the condition that Mrs. Forestier agrees.

VALÉRIE C'mon, a photo. Smile!

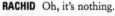

Roman-photo Translations

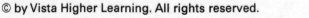

Unité Préliminaire, Leçon PA

CHEZ NOUS

NARRATOR Bonjour! Nous sommes dans la vieille ville d'Aix-en-Provence. C'est un quartier très pittoresque avec ses boutiques, ses restaurants et ses résidences. Laissez-moi vous montrer différents types de logements.

Au centre-ville, les gens habitent normalement des appartements.
Il y a aussi des résidences pour les étudiants qui vont à l'Université d'Aix.
Près du centre-ville, on trouve des maisons individuelles. Regardez! Cette maison a un très beau jardin.

Nous sommes maintenant dans la banlieue où on trouve des maisons de toutes sortes. Par exemple, derrière moi, cette maison est assez moderne.

Ici, cette maison a un grand garage.
Cette maison-là a un sous-sol.
Beaucoup de maisons en France ont une terrasse, ce qui est très agréable pour manger l'été.
Il y a aussi de grands immeubles.
Les appartements ont très souvent un balcon. C'est formidable pour passer de bons moments à l'extérieur.
Il y a aussi des HLM, des Habitations à Loyer Modéré.

Là-bas, cet appartement avec le joli balcon, c'est chez moi.
Je rentre à la maison maintenant. Bonne fin de journée!

Unité 1, Leçon 1A

LA NOURRITURE

NARRATOR Bonjour! Ici, c'est la place Richelme. Tous les matins, il y a un marché aux fruits et légumes.

C'est sympa, non? Venez avec moi! On va faire le tour du marché.

Il y a toutes sortes de légumes ici. Il y a des carottes… des pommes de terre… Mmm… ces tomates sentent tellement bon! Il y a aussi des haricots verts et des poivrons rouges.

Et regardez tous ces fruits! Il y a des pêches, des melons, des bananes. Oh, ces fraises ont l'air délicieuses, parfaites pour une tarte!

Sur les marchés, on vend des fleurs. Moi, j'adore! Pas vous?
Vous aimez les fruits de mer? Ici on vend toutes sortes de poissons.

On trouve aussi de la charcuterie comme des saucisses et du jambon.
Regardez tous ces fromages! Ils ont l'air délicieux. En France, on trouve près de 500 variétés de fromage!
Et bien sûr, n'oublions pas le pain. Il y a des baguettes et du pain de campagne.
Tout ça m'a donné très faim. Je vais acheter deux ou trois petites choses pour préparer un pique-nique. À bientôt!

Unité 2, Leçon 2B

LA SANTÉ

NARRATOR Quand vous êtes malade ou quand il vous faut des médicaments, il y a la pharmacie. (*indicating the green cross*) Pour en trouver une, cherchez la croix verte! Ici, on vend un peu de tout. Entrons!

Dans une pharmacie, on trouve souvent du maquillage…
… du shampooing…
… des rasoirs et de la crème à raser…
… des brosses à dents, du dentifrice…
… et du savon.
Tout ça, c'est pour garder la ligne.

Elle, c'est une pharmacienne. En France, les pharmaciens préparent les ordonnances et suggèrent aussi des médicaments contre certaines maladies ou pour certains symptômes, comme par exemple…
… de l'aspirine contre les maux de tête ou la fièvre et des médicaments contre les allergies.

Il y a bien sûr d'autres endroits pour se sentir bien et beau.

Maintenant vous savez où trouver ce qu'il vous faut pour rester en pleine forme. À la prochaine!

Unité 3, Leçon 3B

LA TECHNOLOGIE

NARRATOR Bonjour! En ville, il y a beaucoup de circulation. Regardez!

Ça, c'est un feu de signalisation.
Regardez cette petite voiture! Elle consomme très peu d'essence.
Ça, c'est une voiture de luxe.
Voici un monospace, pratique pour les familles.
Ça, c'est une décapotable.
Ça, c'est un camion commercial.
On aime bien conduire les motos ici: c'est facile pour se garer et on roule plus vite.
Et les jeunes adorent les mobylettes et les scooters.
Ça, c'est une route nationale.

Et ça, c'est une autoroute.
Pour prendre le péage, il faut payer, mais c'est rapide.
Attention! Ce panneau indique la limitation de vitesse.
Voici une station-service. On y va pour acheter de l'essence, vérifier l'huile, la pression des pneus et pour nettoyer le pare-brise.
Pour avoir un permis de conduire en France, il faut avoir au moins dix-huit ans. On va à une auto-école pour apprendre le code de la route.
Moi, je préfère marcher. Au revoir!

Unité 4, Leçon 4A

EN VILLE

NARRATOR Bonjour! Nous sommes devant le bureau de poste. Il est fermé maintenant, mais ce n'est pas grave, j'ai déjà acheté les timbres. J'ai des cartes postales à envoyer à mes amis. Voici une boîte aux lettres.

Bon, maintenant, je dois trouver un distributeur automatique pour retirer de l'argent, et puis je vais aller chez le marchand de journaux. Je vais aussi vous montrer d'autres commerces. Allons-y!
Voici un distributeur automatique.
Et le marchand de journaux.
Ça c'est une laverie.
Voici une bijouterie…
… un salon de beauté…
et ça, c'est un salon de coiffure.
Voici une papeterie. Il existe également des librairies-papeteries où l'on trouve aussi des livres.
En ville, on trouve des petits commerces pour faire ses courses comme la charcuterie…
… la boulangerie…
… la boucherie…
… et, mon favori, le chocolatier.
Si vous n'avez pas envie de faire les courses chez les petits commerçants, vous pouvez aller au centre commercial. En général, il se trouve à l'extérieur de la ville ou en banlieue. Suivez-moi!
Dans un centre commercial, on trouve des boutiques très variées.
Et voici l'hypermarché. On y vend un peu de tout, c'est immense non?
Ça c'est une cafétéria. C'est très pratique pour manger quelque chose et se détendre. Il y a aussi d'autres petits restaurants et des cafés.
On trouve également de nombreux grands magasins spécialisés.
Ouf! Je suis fatigué après toutes ces courses! Il est temps de rentrer me détendre à la maison! Allez, à bientôt!

Unité 5, Leçon 5B

L'AVENIR ET LES MÉTIERS

NARRATOR Bonjour! Je vous présente Michèle. Elle est serveuse dans ce café.

WAITRESS Bonjour!

NARRATOR Ça vous plaît d'être serveuse?

WAITRESS Oui, beaucoup. Je suis assez sociable, alors cette profession me convient.

CUSTOMER Mademoiselle, l'addition s'il vous plaît!

WAITRESS Tout de suite!

NARRATOR Bon, allons parler avec ces gens là-bas. Excusez-moi, Monsieur, Madame. Quelle est votre profession?

CUSTOMER 1 Je suis psychologue.

NARRATOR Et vous aimez cette profession?

CUSTOMER 1 Oui, beaucoup. C'est une profession exigeante, mais très intéressante.

NARRATOR Et vous, Monsieur, quelle est votre profession?

CUSTOMER 2 Je suis comptable.

NARRATOR Est-ce que ce travail vous plaît?

CUSTOMER 2 Oui. C'est plus qu'un travail. C'est un métier.

NARRATOR Merci. Bonne fin de journée. Excusez-moi Madame. Quelle est votre profession?

CUSTOMER 3 Je suis chercheur dans un laboratoire.

NARRATOR Et vous aimez votre travail?

CUSTOMER 3 Oui, oui, j'adore. La recherche, c'est ma passion.

NARRATOR Vous en avez de la chance! Merci, au revoir! Et vous, est-ce que ces professions vous intéressent?

Homme d'affaires ou femme d'affaires?
Agent de police?
Pompier?
Chef de cuisine?
Infirmière ou infirmier?
Chauffeur de taxi?

Et que pensez-vous de ces métiers?
Vétérinaire?
Dentiste?
Banquier?

Si vous n'avez pas encore choisi votre profession, j'espère que ça vous a inspiré. À la prochaine!

Unité 6, Leçon 6B

L'ESPACE VERT

NARRATOR Bonjour! Aujourd'hui nous sommes près de la montagne Sainte-Victoire, à côté d'Aix-en-Provence. C'est beau, n'est-ce pas? La France est vraiment un pays d'une beauté exceptionnelle.

Voici les Alpes. Ce sont les montagnes entre la France, l'Italie et la Suisse principalement. L'hiver, c'est idéal pour les amateurs de ski et autres sports d'hiver.
En Alsace, dans l'est de la France, l'influence culturelle allemande est évidente. Regardez ces maisons typiques.
Voici la magnifique cathédrale de Notre-Dame, dans l'île de la Cité, à Paris.
Le Mont-Saint-Michel est une petite ville construite sur un îlot, dans le nord de la France. Son abbaye et ses rues pittoresques en font un grand centre d'intérêt touristique.
Dans la vallée de la Loire, il y a le célèbre château de Chenonceau et ses jardins. Cette rivière, c'est le Cher.
Ça, c'est un vignoble de la région de Bordeaux, au sud-ouest de la France.
Et au sud, n'oublions pas la Côte d'Azur avec ses villes fabuleuses comme Nice, Cannes et Saint-Tropez.

Vous aimez? Ce n'est pas tout. Les pays du monde francophone sont magnifiques aussi. Regardez!

Montréal est une ville cosmopolite de la province de Québec, au Canada.
Ça, c'est la ville de Papeete, ville capitale de la Polynésie française, dans l'océan Pacifique. Les plages de Tahiti sont incroyables! C'est un vrai paradis.
Ça, c'est Alger, en Algérie, en Afrique du Nord, sur la mer Méditerranée.
Cette ville s'appelle Dakar. C'est la capitale du Sénégal. Dakar est un port important pour le commerce.
Bruxelles, en Belgique c'est la ville du parlement européen, de la Grand-Place et, bien sûr, des chocolats.

Ah… ça me donne envie de voyager! Est-ce que notre petit tour du monde francophone vous a plu? J'espère que oui. À la prochaine!

Unité 7, Leçon 7A

LES ARTS

NARRATOR Bonjour! Nous sommes au cinéma Renoir. Qu'est-ce qu'il y a au cinéma aujourd'hui? Voyons…. Tiens, il y a *La cloche a sonné* avec Fabrice Luchini. C'est une comédie dramatique. Il y a aussi *The Island*. C'est un film américain. Il est en version originale, ça veut dire qu'il est en anglais.

On achète des tickets ici, au guichet. Ils ont des prix réduits pour les étudiants, alors, n'oubliez pas votre carte d'étudiant.

Explorons différents genres de films.

Il y a les films policiers…
… les films d'amour…
… les films d'horreur…
… les films de science-fiction…
… les comédies…
… et les westerns.

Moi, j'aime beaucoup le cinéma, mais ce que j'adore, c'est lire. Allons au kiosque à journaux.

Ici, on vend, bien sûr, des journaux, des magazines. Dites-moi, qu'est-ce que vous aimez lire?

Les romans?
Les biographies?
Les bandes dessinées?
Les classiques de la littérature?
Les contes pour enfants?
Les pièces de théâtre?
La poésie?

Ce magazine a l'air très intéressant. Je crois que je vais l'acheter. Et puis je vais prendre des chewing gum et quelques bonbons aussi. Au revoir!

Unité Préliminaire, Leçon PA

CHEZ NOUS

NARRATOR Hello! We are in the old quarter of Aix-en-Provence. This is a very picturesque neighborhood with its shops, restaurants, and homes. Let me show you different types of housing. Downtown, people usually live in apartments. There are also residences for students who go to the university in Aix. Near the city center, one finds single-family homes. Look! This house has a very beautiful garden.

NARRATOR Now we're in the suburbs, where one finds all kinds of homes. For example, this house behind me is rather modern. Here, this house has a big garage. That house has a basement. Many houses in France have a terrace, which is great for eating outside in the summer. There are also large apartment buildings. Apartments often have a balcony. They're great for spending some pleasant moments outside. There are also the *HLM, des Habitations à Loyer Modéré* (low/moderate income housing). Over there, that apartment with the pretty balcony, that's my house. I'm going home now. Enjoy the rest of the day!

Unité 1, Leçon 1A

LA NOURRITURE

NARRATOR Hello! This is the *Place Richelme*. Every morning, there is a fruit and vegetable market. It's nice, isn't it? Come with me! We're going to take a tour of the market. There are all kinds of vegetables here. There are carrots, potatoes… Mmm, these tomatoes smell so good! There are also green beans and red peppers. And look at all this fruit! There are peaches, melons, bananas. Oh, these strawberries look delicious, perfect for a pie! At markets, they sell flowers. I love it. Don't you? Do you like seafood? Here they sell all sorts of fish. One also finds deli products like sausage and ham. Look at all these cheeses! They look delicious. In France, there are around five hundred varieties of cheese! And of course, let's not forget the bread. There are baguettes and country-style bread. All of this has made me very hungry. I'm going to buy two or three small things to prepare a picnic. See you soon!

Flash culture Translations

Unité 2, Leçon 2B

LA SANTÉ

NARRATOR For when you're sick or need medicine, there's the pharmacy. To find one, look for the green cross. Here, they sell a little of everything. Let's go in! In a pharmacy, one often finds make-up, shampoo, razors and shaving cream, toothbrushes, toothpaste, and soap. All of that is for staying slim. She's a pharmacist. In France, pharmacists fill prescriptions and also suggest medicines for certain illnesses and symptoms, like, for example, aspirin for headaches or fever and medicines for allergies. There are, of course, other places to go to feel good and beautiful. Now you know where to find what you need to stay in good form. Until next time!

Unité 3, Leçon 3B

LA TECHNOLOGIE

NARRATOR Hello! In the city, there's a lot of traffic. Look! This is a traffic light. Look at that little car! It uses very little fuel. That is a luxury car. Here's a minivan, practical for families. That's a convertible. That's a commercial truck. People like to drive motorbikes here. They're easy to park and you get around faster. And young people love mopeds and scooters. That is a national road. And that, that's a highway. To take a toll road, you have to pay, but it's fast. Careful! This sign shows the speed limit. Here's a service station. One goes there to buy gas, check the oil and the tire pressure, and to wash the windshield. To have a driver's license in France, you must be at least eighteen years old. People go to driving school to learn the rules of the road. Me, I prefer to walk. Good-bye!

Unité 4, Leçon 4A

EN VILLE

NARRATOR Hello! We're in front of the post office. It's closed now, but that's no problem, I've already bought the stamps. I have some postcards to send to my friends. Here's a mailbox. Well, now I have to find an ATM to take out some money, and then I'm going to go to the newspaper stand. I'm also going to show you some other businesses. Let's go! Here's an ATM. And the newspaper stand. That is a laundromat. Here's a jewelry store, a beauty salon, and that's a hairdresser's. Here's a stationery shop. There are also *librairie-papeteries* where you find books as well. Downtown, you find small businesses to run errands like the deli, the bakery, the butcher's, and my favorite, the chocolate shop.

NARRATOR If you don't feel like shopping at small businesses, you can go to a shopping center. In general, it's located outside the center of town or in the suburbs. Follow me! In a shopping center, one finds shops of many varieties. And here's the supermarket. Here they sell a little of everything; it's huge, isn't it? That's a cafeteria. It's very practical for eating something and relaxing. There are also other small restaurants and cafés. One also finds several specialized department stores. Wow! I'm tired after all that shopping. It's time to go back and relax at home. Well, see you soon!

Unité 5, Leçon 5B

L'AVENIR ET LES MÉTIERS

NARRATOR Hello! This is Michèle. She's a server in this café.

SERVER Hello!

NARRATOR Do you like being a server?

SERVEUSE Yes, a lot. I'm quite social, so this profession suits me.

CLIENT 1 Miss, the check please!

SERVER Right away!

NARRATOR Well, let's go talk with those people over there. Excuse me, sir, ma'am. What is your profession?

CLIENT 2 I'm a psychologist.

NARRATOR And do you like that profession?

CLIENT 2 Yes, a lot. It's a demanding profession, but very interesting.

NARRATOR And you sir, what is your profession?

CLIENT 1 I'm an accountant.

NARRATOR And do you enjoy that job?

CLIENT 1 Yes. It's more than a job, it's a career.

NARRATOR Thanks. Enjoy the rest of your day. Excuse me, ma'am. What is your profession?

CLIENT 3 I'm a researcher in a laboratory.

NARRATOR And do you like your job?

CLIENT 3 Yes, yes, I love it. Research is my passion.

NARRATOR You're lucky! Thank you, good-bye! And you, do these professions interest you: businessperson, police officer, firefighter, chef, nurse, taxi driver? And what do you think of these careers: veterinarian, dentist, banker? If you haven't chosen your career yet, I hope this has inspired you. Until next time!

Flash culture Translations

Unité 6, Leçon 6B

L'ESPACE VERT

NARRATOR Hello! Today we're near the *montagne Sainte-Victoire,* next to Aix-en-Provence. It's beautiful, isn't it? France is truly a country of exceptional beauty. Here are the Alps. They're the mountains primarily between France, Italy, and Switzerland. In winter, they're ideal for skiers and other winter sports lovers. In Alsace, in the east of France, German cultural influence is evident. Look at these typical houses. Here's the magnificent *cathédrale de Notre-Dame,* on the *île de la Cité,* in Paris. *Le Mont-Saint-Michel* is a small town built on an islet, in the north of France. Its abbey and picturesque streets make it a big tourist destination. In the Loire valley, there is the famous *château de Chenonceau* and its gardens. This river is the Cher. That is a vineyard in the Bordeaux region, in the southwest of France. And in the south, let's not forget the *Côte d'Azur* with its fabulous cities like Nice, Cannes, and Saint-Tropez.

NARRATOR Do you like it? That's not all. The francophone countries of the world are also magnificent. Look! Montreal is a cosmopolitan city in the province of Quebec, Canada. This is the city of Papeete, capital city of French Polynesia, in the Pacific Ocean. Tahiti's beaches are incredible! It's a real paradise. This is Algiers, in Algeria, North Africa, on the Mediterranean Sea. This city is called Dakar. It's the capital of Senegal. Dakar is an important port for trade. Brussels, in Belgium, is the city of the European parliament, the *Grand-place,* and, of course, chocolates. Oh… this makes me feel like traveling. Have you enjoyed our little tour of the francophone world? I hope so. Until next time!

Unité 7, Leçon 7A

LES ARTS

NARRATRICE Hello! We're at the Renoir movie theater. What is playing today? Let's see. Look, there's *La cloche a sonné* with Fabrice Luchini. It's a romantic comedy. There is also *The Island.* It's an American film. It is in the original version; that means it's in English. You buy tickets here, at the ticket window. They have discounts for students, so don't forget your student ID. Let's look at some different movie genres. There are detective films, romances, horror movies, science-fiction movies, comedies, and westerns.

NARRATRICE I like the movies a lot, but what I love is reading. Let's go to the newsstand. Here they sell newspapers and magazines, of course. Tell me, what do you like to read: novels, biographies, comic books, literary classics, children's stories, plays, poetry? This magazine looks very interesting. I think I'm going to buy it. I'm also going to get some gum, and some candy, too. Good-bye!

Unité Préliminaire   Leçon PA

CENTURY 21

PROPRIÉTAIRE C'est pour voir l'appartement?

HOMME Oui, bonjour, mon…

PROPRIÉTAIRE Bien, bonjour alors, d'abord, euh le salon… traditionnel…, avec la cheminée, les murs, plafond, voilà, bon, alors, on continue, des pièces, des pièces, des pièces, ah, oh, aah, et puis une porte qui s'ouvre, qui se ferme, le pipi le popo, et alors ça, c'est épatant, c'est pour voir s'il y a quelqu'un dehors.

NARRATRICE On ne s'improvise pas agent immobilier. Century 21, l'immobilier, c'est plus simple avec un agent immobilier.

PROPRIÉTAIRE Ouh, je les sens bien.

Unité 1   Leçon 1A

FAR BRETON

CHEF Alors, je vais vous présenter la recette du far breton. Donc, il faut du lait, du beurre noisette, de la farine, des pruneaux dénoyautés, des œufs, un petit peu de rhum et du sucre. Donc, maintenant, je vais casser les œufs pour les mélanger ensuite à la farine. Donc, je les verse, j'en verse trois, quatre pour commencer. Donc, après avoir obtenu une belle pâte, je verse le sucre dans la terrine. Une fois que le sucre est incorporé, je vais rajouter le beurre noisette dans la pâte. Donc, voilà, toujours une pâte un petit peu élastique. Nous ajoutons la petite pointe de rhum, pour le goût. Et à la fin, on ajoute le lait que j'ai fait chauffer, qui est tiède, et on verse sur la pâte, délicatement. Et voilà, donc, notre appareil à far breton est prêt. Nous mettons des pruneaux au fond et on verse l'appareil dans la terrine qui a été beurrée. Voilà, et maintenant, prochaine étape: on va le mettre à cuire au four à 180 degrés pendant une heure.

Alors, après une heure de cuisson, voilà le far breton bien doré. Nous allons le démouler, un petit coup de couteau, de spatule, tout autour. Et maintenant, vous pouvez déguster le far breton aux pruneaux.

Unité 2   Leçon 2A

DIADERMINE

NARRATEUR Pourquoi une femme sur deux ne se démaquille pas?

FEMME Trop long, trop compliqué.

NARRATEUR Au lieu de un, deux, trois produits… Innovation! Diadermine crée les premières lingettes démaquillantes. Une seule lingette pour démaquiller et nettoyer le visage et les yeux.

FEMME À la perfection!

NARRATEUR Lingettes démaquillantes: L'innovation démaquillage des laboratoires Diadermine.

Unité 3   Leçon 3A

KELLYMOBILE

FILLE 1 Être fan, ça demande beaucoup d'énergie. Et quand on est fan, eh ben on n'est pas toujours compris par tout le monde.

PÈRE Monte, tu vas être en retard.

FILLE 1 Alors, j'ai créé KellyMobile, le premier opérateur qui comprend ce que c'est d'être un fan, l'opérateur avec des sonneries ultra-puissantes, comme nous! Aaaaaahhhhh!!!

FILLE 2 Allô ! Aaaaahhhhh!!!!

FILLE 1 KellyMobile. C'est mon opérateur. Il est trop bon trop bon trop bon trop bon!

NARRATRICE Toi aussi, prends le pouvoir et crée ton opérateur mobile. Rendez-vous sur toimobile.fr.

Unité 4 {style=display-flex}　Leçon 4A

RENNES

NARRATEUR Les Français, comme tout le monde, doivent faire des courses: aller au bureau de poste, à la banque ou au marché. Le centre-ville leur permet de faire tout ça… et plus. Je vous explique…

Prenons comme exemple la ville de Rennes.

Une promenade à travers les rues anciennes du centre historique vous fait découvrir la magnifique architecture bretonne, comme les maisons traditionnelles à colombages et le parlement de Bretagne.

Vous pouvez aussi découvrir, sur la place de la Mairie, l'opéra de Rennes.

Le célèbre marché des Lices propose une vaste sélection de produits frais.

Mais les centres-villes français ne sont pas uniquement des endroits pratiques pour faire des courses. On peut aussi souvent y apprécier la riche vie culturelle de la ville et de la région.

Le musée des Beaux-Arts abrite une collection d'art importante.

Au centre-ville, on trouve des cafés, la mairie, des boutiques, des distributeurs automatiques, enfin, tout ce qui est nécessaire pour faire des courses.

Le métro vous amène rapidement et confortablement dans le centre-ville de Rennes.

Et pour une expérience culturelle plus diverse, il y a les Champs Libres, un centre culturel qui réunit la bibliothèque municipale, l'Espace des sciences et le musée de Bretagne.

Que pouvez-vous faire après toutes ces courses et toutes ces visites dans les établissements culturels? Eh bien, allez vous reposer dans le parc du Thabor avec son jardin des plantes.

Le centre-ville de Rennes n'est qu'un seul exemple du centre-ville français typique, où vous pouvez profiter de la journée au maximum.

Alors, qu'est-ce que vous attendez? Venez tout de suite en France et goûtez aux charmes de la vie à la française!

Unité 5 {style=display-flex}　Leçon 5A

MI-TEMPS

ALICE Salut, Rosa! Ça va?

ROSA Bonjour, Alice. Tu travailles, toi, aujourd'hui?

ALICE Ben, ouais.

ROSA Ce n'était pas Viviane, ce matin?

ALICE Elle prend à 14h00.

ROSA Ça fait trois semaines que tu lui laisses le vendredi après-midi.

ALICE Ben, je n'y peux rien. J'ai mes examens à la fac en ce moment.

ROSA Et elle, ça lui bouffe tous ses week-ends.

ALICE Ben, je ne pouvais pas.

CLIENTE C'est à partir de combien, le parking gratuit?

ALICE C'est à partir de 500 francs d'achats, Madame.

CLIENTE J'ai juste 450 francs. Il faut que je vous prenne autre chose?

ALICE Non, pour 50 francs, ça ira. Euh, Rosa, tu peux me passer le tampon pour le parking, s'il te plaît?

ROSA C'est à partir de 500 francs d'achats, les bons gratuits.

ALICE Bon, ben, désolée. Euh… je termine avec Madame, Monsieur, et je ferme. Si vous pouviez passer à la caisse d'à côté…

CLIENT D'accord.

Le zapping Transcriptions

CLIENTE Merci, Mademoiselle.

ALICE Au revoir. Rosa, tu peux prendre mes clients cinq minutes? Il faut que je téléphone pour les résultats de mon examen.

ROSA Ça ne peut pas attendre la pause?

ALICE Deux minutes. Merci. (*au téléphone*) Allô? Ouais. C'est moi. Vas-y! J'attends. Ouais. GL304. C'est la littérature générale. C'est bien, ça. LM311. Langues vivantes. On s'en fout. LP204. Linguistique. OK. Ce n'est pas possible. Il faut que je raccroche, je suis au boulot. Je t'embrasse. Elle n'est pas terrible, la musique, aujourd'hui. Tu ne pourrais pas changer?

ABDEL C'est la radio.

ALICE Ben, change de station.

ROSA Tu avais besoin de sortir?

ALICE Et alors? Tu me surveilles?

ROSA Tu n'es pas toute seule, tu sais? Nous aussi, des fois, on a envie de faire une pause.

ALICE Je ne vous empêche pas de faire vos mots-croisés. Si ça coince aux caisses, il viendra bien nous appeler, l'autre con!

JEUNE FEMME Alice! Alors, c'était aujourd'hui, non?

ALICE Ouais, et j'ai tout foiré! C'est foutu.

JEUNE FEMME Oh merde! Qu'est-ce qui t'est arrivé?

ALICE Ben, je ne sais pas comment j'ai fait. J'étais fatiguée.

CLIENT Mademoiselle, s'il vous plaît.

ALICE Excusez-moi. C'est combien de temps, ta pause à toi?

JEUNE FEMME Oh, je fais ce que je veux. Je leur dis que j'ai besoin de pisser toutes les cinq minutes. Bon, écoute, si t'es occupée, je vais te laisser, d'accord?

ALICE Le poulet de Bresse est en promotion, Monsieur.

CLIENT C'est combien?

ALICE Il faut que je demande. (*au micro*) Appel de service. Un responsable de rayon volaille est demandé Caisse 12. Vous pouvez passer à la caisse d'à côté, s'il vous plaît, le temps qu'on vienne pour le prix. Cette conne! Je suis contente que tu sois là. Je n'en peux plus de ce boulot, putain! Ça fait un an que je travaille ici, il n'y en a pas une qui m'a demandé si j'avais réussi.

JEUNE FEMME Et pour ta bourse?

ALICE Ben, je ne sais pas. Je travaille à mi-temps au supermarché. Sans ma bourse, laisse tomber! Il faudrait que je trouve un boulot de nuit. Déjà que j'ai du mal! J'ai le loyer, j'ai les inscriptions, il y a tout qui tombe. Ce n'est pas que le fric, hein! C'est parce que... parce que je me suis donnée à fond pour quelque chose et j'ai tout foiré. Voilà! Je suis une ratée. Je te jure, j'aime bien ce que je fais comme études...

HOMME C'est pour quoi?

ALICE Le poulet, il est en promotion. Tu as oublié les étiquettes.

HOMME Il n'y a jamais rien eu là-dessus. C'est plein pot, le poulet.

CLIENT Non, mais, vous vous foutez de ma gueule?

ALICE Non, non, je vous assure. Il est en promo. Cadeau, le poulet!

JEUNE FEMME S'ils te font chier, tu n'as qu'à venir bosser chez nous. Ils sont cools!

ALICE 114,80, s'il vous plaît. Bonjour. Au revoir.

CLIENT Bonjour.

ALICE Bonjour. Merci. Voilà, au revoir.

CLIENT Bonjour.

ALICE Bonjour. Vous n'auriez pas plus petit?

CLIENT Non, c'est tout ce que j'ai.

ALICE Rosa, tu n'aurais pas de la monnaie sur 500 francs? Merci. Vous avez le ticket? Au revoir. Vous payez par chèque ou par carte bleue?

CLIENTE Carte bleue.

ALICE Allez-y.

DIRECTEUR S'il vous plaît, Mademoiselle, vous ne partez pas sans faire le compte de la caisse.

ALICE Non, c'est Viviane qui le fait en fin de journée.

DIRECTEUR Je vous rappelle une chose: les caisses sont vérifiées à la fin de chaque horaire, pas en fin de journée.

ALICE Non, mais d'habitude, ce n'est pas comme ça.

DIRECTEUR Mademoiselle, vous vérifiez!

ALICE Mais qu'est-ce qui s'est passé? Pourquoi vous ne faites ça qu'à moi?

DIRECTEUR Vous allez me suivre jusqu'au bureau.

ALICE Mais vous me lâchez! Vous n'avez pas le droit. Merde! C'est Rosa qui vous a dit de m'emmerder?

DIRECTEUR Qu'est-ce que vous voulez, vous?

ROSA Le temps de vérification des caisses n'est pas pris en compte dans l'horaire.

DIRECTEUR Maintenant, c'est comme ça. Retournez à votre caisse!

ROSA Vous n'avez pas le droit de demander à Alice de vérifier sa caisse.

DIRECTEUR C'est pourtant elle qui va le faire.

ROSA Ce n'est pas syndical.

DIRECTEUR Je m'en fous de votre syndicat. Dégagez! Dégagez, je vous dis. Maintenant, vous me suivez.

ROSA Nous informons notre aimable clientèle que, suite à des mesures anti-syndicales prises par la direction, l'ensemble des caissiers entame une grève surprise. La sortie des articles est libre.

CAISSIÈRE Je vais devoir quitter ma caisse et vous laisser, si vous voulez, partir avec vos articles.

CLIENT D'accord. Je peux?

CAISSIÈRE Vous pouvez.

CLIENT Donc, on peut partir sans payer?

CAISSIÈRE Le magasin ferme. Oui, oui, vous pouvez prendre... vous pouvez passer.

CLIENT Celui-là...

CAISSIÈRE Au revoir.

CAISSIÈRE Avancez-vous!

Unité 6 — Leçon 6A

BMCE

GARÇON Comme tu es belle, petite fleur. Seras-tu encore belle demain?

FLEUR Oui, si tu prends soin de moi.

GARÇON Dis-moi, étoile, combien d'étoiles il y a dans le ciel?

ÉTOILE Pour les compter toutes, sers-toi de la technologie.

GARÇON Et toi, jolie colombe, peux-tu me montrer le chemin de la Liberté?

COLOMBE La Liberté passe par la communication entre les hommes.

GARÇON Arbre, tu es fort. Que sais-tu du monde?

ARBRE Mes racines sont au Maroc. Mes branches s'étendent vers tous les pays du monde.

GARÇON Et toi, petite sœur, où vas-tu si vite?

FILLE Je vais à Medersat.com pour apprendre.

GARÇON Attends-moi! Moi aussi, j'ai envie d'apprendre!

NARRATEUR Écouter le monde avec sagesse. Participer à la création des richesses dans notre pays. Pour BMCE Bank, ce n'est pas un rêve, c'est une réalité. BMCE Bank, notre monde est capital.

Unité 7 — Leçon 7A

LA TARTINE

OUVRE-BOÎTE Le réveil a sonné. Le petit-déjeuner va bientôt commencer. Tous nos amis sont-ils prêts? Où sont ces petits coquins? Ah, tiens, en voilà un!

BOL Si vous voulez du bol, me voilà les petits marioles!

CAFÉ Et moi, je suis corsé.

CAFETIÈRE Tout aromatisé!

CAFÉ ET CAFETIÈRE Et nous formons une équipe bien épique!

OUVRE-BOÎTE Quel arôme fatidique! Votre équipe magique est vraiment fantastique! Vous êtes prêts, c'est magnifique!

CONFITURE Et moi! La confiture! Je suis prêt pour l'aventure.

MIEL Et moi ! Il n'y a pas que toi!

OUVRE-BOÎTE Ah décidément, ce miel, toujours en train de râler. Bref! Tout ça ne fait pas avancer nos préparatifs! L'homme va se réveiller et il aura faim! Maintenant, dépêchez-vous si vous ne voulez pas le voir en colère! Vous avez déjà vu un homme en colère?! Dépêchez-vous, bon sang!

GRILLE-PAIN Oh mais… Tout en vitesse avec vous. C'est en prenant son temps qu'on rend le pain croustillant.

COQUETIER Oh, regardez!

SUCRE Elle en a de la chance, cette petite tranche, car c'est aujourd'hui le jour de sa vie.

TARTINE Alors, c'est aujourd'hui ? C'est vraiment le jour de ma vie?

OUVRE-BOÎTE Eh! Qu'est-ce qu'il vous arrive? Mais! Vous n'entendez pas? L'homme a bâillé. Il ne va pas tarder. Allez le grille-pain, va te ranger là-bas. Tu reverras le pain tout à l'heure. Alors, dépêche-toi!

TRANCHES Elle en a de la chance, cette petite tranche. Quel bonheur, aujourd'hui. C'est le jour de sa vie!

OUVRE-BOÎTE Et toi, le presse-oranges? Grouille-toi! L'homme ne va plus tarder. Toi, espèce de faignasse, arrête de faire l'andouille. Range-toi à ta place. Non, mais enfin! Quelle nonchalance! On ne sera jamais prêts à temps si vous n'y mettez pas du vôtre! Allez allez! Plus de rythme! Plus de vitesse! Pas par là! Vous, là-bas! On n'est pas à la plage! Ah! Le voilà! Tout le monde fixe! Avez-vous bien dormi?

HOMME Oui, je te remercie.

OUVRE-BOÎTE Vous... vous devez... Vous devez avoir faim!

HOMME Qu'est-ce que vous me proposez?

OUVRE-BOÎTE Voilà du bon café.

HOMME La journée commence bien.

OUVRE-BOÎTE Tout est organisé.

HOMME Quel merveilleux matin.

OUVRE-BOÎTE Et là, des céréales!

HOMME En tout petits pétales. Je crois bien que quelqu'un attend que je lui donne un peu de temps... Mais où est-elle donc, cette tartine? Est-ce qu'elle la mettrait en sourdine?

CAFÉ Et mais, qu'est-ce qu'elle fait?

HOMME N'aie pas peur... Ne sois pas timide...

CAFÉ Oh, tu vas te bouger, oui!

HOMME Allez!

TARTINE Quelle belle journée...

CONFITURE Tu es si belle...

TARTINE Pour déjeuner...

MIEL Elle sera mienne!

TARTINE J'en ai rêvé.

CONFITURE Viens avec moi!

TARTINE Un conte de fée...

MIEL Ne l'écoute pas!

TARTINE Est arrivé...

CONFITURE Pour t'aimer...

TARTINE Mon aimé...

CONFITURE T'adorer...

TARTINE Mon amant...

CONFITURE Mon amour...

TARTINE Maintenant...

CONFITURE De toujours...

TARTINE Pour un rêve à deux...

CONFITURE Un rêve à deux...

MIEL Ce sera moi!

CONFITURE Il m'a choisi!

TARTINE Mais, qu'avez-vous?

MIEL Moi, j'en ai marre! J'en ai soupé! Toujours pareil! Il n'y en a que pour lui, ce pot de confiture!

CONFITURE Arrêtez de vous gausser!

MIEL Toi, je ne t'ai rien demandé!

CONFITURE Pourquoi ne pas me défier?

MIEL Jamais je n'y arriverai...

HOMME OK OK… Un instant! Comme le propose cette chère confiture, nous allons vous départager. Bien… Devant vous, deux bols. Un chacun. Derrière, des sucres. Vous allez lancer un maximum de sucres dans votre bol. Quand la tartine sera prête, celui qui aura le plus de sucres dans son bol aura le droit de se faire tartiner. Allez, en place! J'ai faim, moi… Stop! Les sucres, comptez-vous!

SUCRES DU MIEL Un! Deux! Trois! Quatre! Cinq!

SUCRES DE LA CONFITURE Un! Deux! Trois! Quatre! Cinq! Six! Sept! Huit! Neuf!

HOMME Ça sera donc une tartine de confiture!

OUVRE-BOÎTE Formidable! On en était où… Ah oui! Revoici la dormeuse; elle a l'air délicieuse, dorée et croustillante. Vraiment, elle est charmante.

CONFITURE Qu'est-ce que je suis heureux.

OUVRE-BOÎTE Bravo à tous les deux.

MIEL À chaque fois, ce n'est jamais moi!

OUVRE-BOÎTE Ça y est, le moment est venu. Et le petit-déjeuner continue. Ça me fait plaisir de les voir. Quel bonheur, quelle histoire!

CONFITURE ET TARTINE (DUO) C'est aujourd'hui que tout finit. Nous voilà enfin réunis pour toute la vie.

MIEL Je vous le dis…

DUO Allons-y…

MIEL Ce n'est pas fini.

DUO Aimons-nous…

MIEL Gnagnagna.

DUO Pour toujours…

MIEL Gnagnagna.

DUO C'est le… jour…

MIEL Gna!

TRIO Le jour de l'AAA…

OUVRE-BOÎTE Elle en a eu de la chance, cette petite tranche. Ce fut aujourd'hui le jour de sa vie.

Unité Préliminaire   Leçon PA

CENTURY 21

OWNER Are you here to see the apartment?

MAN Yes, good morning, my...

OWNER Yeah, good morning, so, first, hmm, the living room... traditional... with the fireplace, the walls, the ceiling, there, ok, well, let's keep going... rooms, rooms, rooms, ah, oh, aah, and then there's a door that opens, closes... the pee, the pooh... oh and this is marvelous, it's to see if there's someone outside.

ANNOUNCER Not just anyone can be a real estate agent. Century 21. Real estate is easier with a real estate agent.

OWNER Ooh, I think they're sold.

Unité 1   Leçon 1A

FAR BRETON

CHEF So then, I'm going to present the **far breton** recipe. So, we need milk, small scoops of butter, flour, pitted prunes, eggs, a bit of rum, and some sugar. So, now, I'm going to crack the eggs in order to mix them in next with the flour. So, I add them in, I'm adding three, four to start with. So then, after obtaining a good batter, I add the sugar to the terrine. Once the sugar is mixed in, I'm going to add the scooped butter to the batter. So, there, always a batter that's a tiny bit elastic. We add the small dash of rum for flavor. And at the end, we add the milk that I heated, which is lukewarm, and we pour it over the batter, gently. And so there, our **far breton** mix is ready. We place some prunes on the bottom and pour the mix into the terrine, which was greased with butter. There, and now, next step: we're going to bake it at 180 degrees for one hour.

So, after baking for an hour, here's the golden brown **far breton**. We're going to turn it out of the pan, slide the knife, the spatula, all around. And now you can enjoy the prune **far breton**.

Unité 2

DIADERMINE

ANNOUNCER Why doesn't one out of two women remove her makeup?

WOMAN It takes too much time, it's too complicated.

ANNOUNCER Instead of one, two, three products… Innovation! Diadermine invents the first makeup removing towelettes. Use only one towelette to remove makeup and clean your face and eyes.

WOMAN Perfectly!

ANNOUNCER Makeup removing towelettes: A make-up removing innovation from Diadermine Laboratories.

Unité 3   Leçon 3A

KELLYMOBILE

GIRL 1 It takes a lot of energy to be a fan. And when you're a fan, you're not always understood by everyone.

FATHER Get in. You're going to be late.

GIRL 1 So I created KellyMobile–the first wireless provider that understands what it's like to be a fan, the provider with super loud ringtones, like us! Aaaaahhhhhh!!!!

GIRL 2 Hello? Ahhhhhhhh!!!!

GIRL 1 KellyMobile–that's my wireless provider. It's too good too good too good!

ANNOUNCER You too, take control and create your own wireless provider. Check out toimobile.fr.

Le zapping Translations

Unité 4 Leçon 4A

RENNES

NARRATOR The French, like everyone else, have to shop and run errands: go to the post office, the bank, or the market. The city center allows them to do all of that... and more. I'll explain...

Let's take as an example the city of Rennes.

A stroll through the old streets of the historic center lets you discover the magnificent Breton architecture, such as the traditional half-timbered houses and the Parliament of Brittany.

You can also discover, in City Hall Square, the Rennes Opera.

The famous Lices Market offers a vast array of fresh products.

But French city centers are not just convenient places for shopping and running errands. There, one can also often appreciate the rich cultural life of the city and region.

The Museum of Fine Arts houses an important art collection.

In the city center, one finds cafés, city hall, shops, ATMs, indeed, everything that's necessary for shopping and running errands.

The metro brings you quickly and comfortably into the city center of Rennes.

And for a more diverse cultural experience, there's the **Champs Libres**, a cultural center that brings together the Municipal Library, the Science Center, and the Museum of Brittany.

What can you do after all these errands and all these visits to cultural institutions? Well, go relax in Thabor Park with its botanical gardens.

The city center of Rennes is only one example of the typical French city center, where you can make the most of your day.

So, what are you waiting for? Come to France right away and savor the charms of life the French way!

Unité 5 Leçon 5A

MI-TEMPS

ALICE Hi, Rosa! How are you?

ROSA Hello, Alice. You're working today?

ALICE Well, yeah.

ROSA Wasn't it supposed to be Viviane this morning?

ALICE She starts at two.

ROSA You've been switching your Friday afternoons with her for the past three weeks.

ALICE Well, I can't help it. I've got my exams at the university right now.

ROSA And for her, it eats up all her weekends.

ALICE Well, I couldn't do it.

FEMALE CUSTOMER Free parking starts at what amount?

ALICE 500 Francs worth of purchases, Ma'am.

FEMALE CUSTOMER I only have 450 Francs worth. Do I need to buy something else?

ALICE No, for 50 Francs, it's OK. Uh, Rosa, can I have the free parking stamp?

ROSA The free vouchers start at 500 Francs worth of purchases.

ALICE Oh, well, sorry. I'm finishing with this lady, Sir, and then I'm closing. Please, go to the next register.

MALE CUSTOMER All right.

FEMALE CUSTOMER Thank you, Miss.

ALICE Good-bye. Rosa, can you take my customers for five minutes? I have to call to find out my exam results.

ROSA Can't you wait until your break?

ALICE Two minutes. Thanks. (*on the telephone*) Hello? Yeah. It's me. Go on! I'm waiting. Yup. GL 304. That's General literature. That's good. LM311. Foreign languages. Who cares? LP204. Linguistics. OK. It can't be. I have to hang up, I'm at work. Bye. The music sucks today. Can't you change it?

ABDEL It's the radio.

ALICE Well, change the station.

ROSA You had to go out?

ALICE So what! Are you watching over me?

ROSA You're not the only one, you know. The rest of us would also like to take a break, sometimes.

ALICE I'm not stopping you from doing your crosswords. If the registers get backed up, that jerk will come and call us!

YOUNG WOMAN Alice! So, today was the day, right?

ALICE Yeah, and I completely blew it.

YOUNG WOMAN Oh no! What happened?

ALICE Oh, I don't know what I did… I was tired.

MALE CUSTOMER Excuse me, Miss!

ALICE I'm sorry. How long is your break?

YOUNG WOMAN Oh, I do whatever I want. I tell them I need to pee every five minutes. Well, look, if you're busy, I'll let you go, okay?

ALICE The Bresse chicken is on sale, Sir.

MALE CUSTOMER How much is it?

ALICE I have to ask. (*into microphone*) Service call. A manager from the poultry department is requested at Register 12. Please go to the next register while we're waiting for them to come with the price. That idiot! I'm glad you're here. I'm fed up with this job. I've been working here for a year and not one of them asked me how I did.

YOUNG WOMAN And your scholarship?

ALICE Oh, I don't know. I'm working part-time at the supermarket. Without the scholarship, forget it. I'd have to find a night job. I'm already having trouble! I've got the rent, the school fees… all at the same time. It's not just the money. It's because… because I gave it my all and I screwed it all up. That's it! I'm a failure. Honestly, I really like what I'm studying…

MAN What's this about?

ALICE There's a discount on the chicken. You forgot to tag them.

MAN There was never anything on it. The chicken is full price.

MALE CUSTOMER Are you kidding me?

ALICE No, no, I'm sure it's on sale. I'll give it to you free.

YOUNG WOMAN If they're giving you a hard time, you should come work at our place. They're cool!

ALICE 114 Francs 80, please. Hello. Good-bye.

MALE CUSTOMER Hello.

ALICE Hello. Thank you. Here you go, good-bye.

MALE CUSTOMER Hello

ALICE Hello. Do you have anything smaller?

MALE CUSTOMER No, it's all I have.

ALICE Rosa! Do you have change for 500 Francs? Thanks. Do you have the receipt? Good-bye. Are you paying by check or by credit card?

FEMALE CUSTOMER Credit card.

ALICE Go ahead.

MANAGER Excuse me, Miss. You don't get to leave without checking your till.

ALICE No, Viviane will do it at the end of the day.

MANAGER Let me remind you of something. The tills are checked at the end of each shift, not at the end of the day.

ALICE No, but, usually it's not that way.

MANAGER Check it, Miss.

ALICE What happened? Why are you only doing this to me?

MANAGER Follow me to my office.

ALICE You have no right. Darn! Did Rosa tell you to get me in trouble?

MANAGER And what do you want?

ROSA Till checking is not accounted for in our schedule.

MANAGER From now on, that's the way it is. Go back to your register.

ROSA You have no right asking Alice to check her till.

MANAGER She'll do it anyway.

ROSA The union won't like it.

MANAGER I don't give a damn about your union. Get lost! Get lost, I'm telling you. Now, you come with me.

ROSA Attention shoppers, we inform you that in response to anti-union measures taken by the management, the cashiers are initiating a surprise strike as of now. You can take your items free of charge.

CASHIER I'll have to leave you and close my register. If you want, you can take your articles with you.

MALE CUSTOMER Okay. I can?

CASHIER You can.

MALE CUSTOMER So, we can leave without paying?

CASHIER The store is closing. Yes, yes, you can take it… you're free to go through.

MALE CUSTOMER That one…

CASHIER Good-bye.

CASHIER Move ahead!

Unité 6   Leçon 6A

BMCE

BOY How beautiful you are, little flower. Will you still be beautiful tomorrow?

FLOWER Yes, if you take care of me.

BOY Tell me, star, how many stars are there in the sky?

STAR Use technology to count them all.

BOY And you, pretty dove, can you show me the path to freedom?

DOVE Freedom travels through communication between people.

BOY Tree, you are strong. What do you know about the world?

TREE My roots are in Morocco. My branches extend to every country in the world.

BOY And you, little sister, where are you going so fast?

GIRL I'm going to Medersat.com to learn.

BOY Wait for me, I want to learn too!

ANNOUNCER Listening to the world with wisdom. Taking part in the creation of riches in our country. For BMCE Bank, it is not a dream, it is a reality. BMCE Bank, our world is capital.

Unité 7   Leçon 7A

THE TOAST

CAN OPENER The alarm clock has gone off. It's almost breakfast time! Are all our friends ready? Where are those little rascals? Ah, here's one of them!

BOWL If you want good luck, here I am folks!

COFFEE And me, I'm strongly brewed.

COFFEE POT And very flavorful.

COFFEE AND COFFEE POT And together we make such a terrific team !

CAN OPENER What a fateful aroma! Your magical team is really fantastic! You're all ready; that's great!

JAM And me, the jam! I'm ready for adventure!

HONEY And me! You're not the only one!

CAN OPENER Ah really, this honey, he's always grumbling. Anyway, all this isn't making our preparations go any faster. Soon the man will be waking up, and he will be hungry! Now hurry up, if you don't want to see him angry! Have you ever seen an angry man? Come on and hurry up now! Hurry up for heaven's sake!

TOASTER Oh, really… Everything has to be quick with you. But it takes time to make the bread crispy.

EGG CUP Oh, look!

SUGAR She's a lucky one, that little slice of bread. Because today is her big day.

TOAST So today is the day? Is it really my big day?

Le zapping Translations

CAN OPENER Hey! What's going on with you guys? Didn't you hear? The man yawned! He'll be here any minute! Come on, toaster! Take your place over there. You'll see the bread later. Come on! Hurry up!

BREAD SLICES She's a lucky one, that little slice of bread. What a joy, today is her big day!

CAN OPENER What about you, orange juicer? Get a move on! The man will be here soon! You lazy loafer! Stop messing around! Get in your place! Honestly! I can't believe how slow you are! We'll never be ready in time if you don't do your part! Come on, come on!! More rhythm! More speed! Not that way!! You, over there! We're not at the beach! Ah!!! There he is!!! Everybody freeze! Did you sleep well?

MAN Oh yes, thank you.

CAN OPENER You… you must… You must be hungry!

MAN What do you suggest?

CAN OPENER Here's some good coffee.

MAN A good way to start the day.

CAN OPENER Everything is in order.

MAN What a wonderful morning.

CAN OPENER And here's some cereal!

MAN In tiny, little flakes. I think that someone was waiting for me to give them a little time… So where is the toast? Is she hiding or something?

COFFEE But what is she doing?

MAN Don't be scared… Don't be shy…

COFFEE Hey, get a move on!

MAN Come on!

TOAST What a beautiful day…

JAM You are so beautiful…

TOAST To have breakfast…

HONEY She will be mine!

TOAST I've been dreaming about it.

JAM Come with me!

TOAST A fairy-tale…

HONEY Don't listen to him!

TOAST …has come true.

JAM To love you…

TOAST My beloved…

JAM My love…

TOAST Now it's time…

JAM For all time…

TOAST For us to share our dream.

JAM A dream to share…

HONEY She will be me!

JAM But she chose me!

TOAST What's wrong with you two!

HONEY I've had enough! I'm sick of it! Always the same! He always has to be the favorite!

JAM Please stop making fun of me!

HONEY I didn't ask you anything!

JAM Why not challenge me, then?

HONEY They'll never understand me…

MAN OK, OK… Hold on a second! Just as the jam suggests, we will organize a competition. Let's see… In front of you are two bowls, one for each of you. Behind you, some sugar cubes. You'll have to throw as many cubes of sugar as you can into your bowl. When the toast is ready, the one who has the most sugar cubes in his bowl will get to be spread onto the slice. Come on now, get ready. I'm hungry now… Stop! Sugar cubes! Count yourselves!

HONEY'S SUGAR CUBES One! Two! Three! Four! Five!

JAM'S SUGAR CUBES One! Two! Three! Four! Five! Six! Seven! Eight! Nine!

MAN So it will be a slice of toast with jam!

CAN OPENER Excellent! So where were we… Ah, yes! Here is the sleepy one again. She looks so delicious, golden brown, and crispy… Truly, she is charming!

JAM How happy I am!

CAN OPENER Congratulations to both of you.

HONEY Every time, it's never me!

CAN OPENER Now, the moment has come… for this morning's breakfast to carry on. I'm glad to see them so happy. Oh my, what a story!

DUO Today's the day that everything comes to an end. We're together again at last, for the rest of our lives.

HONEY I'm telling you…

DUO Let's go…

HONEY It's not over.

DUO Let's love each other…

HONEY Gnagnagna.

DUO Forever…

HONEY Gnagnagna.

DUO Today's the… day…

HONEY Gna!

TRIO The day of AAAAH…

CAN OPENER She was a lucky one, that little slice of bread. Today was her big day.

Unité Préliminaire

CONTEXTES

1 Décrivez Listen to each sentence and write its number below the drawing of the household item mentioned.
1. Cette affiche est superbe!
2. Amadou a acheté des rideaux jaunes pour sa chambre.
3. Mes parents ont un nouveau tapis marocain dans la salle de séjour.
4. Nicolas a besoin d'une lampe pour son bureau.
5. Margot a envie d'acheter cette commode pour mettre dans le salon.
6. Où as-tu trouvé cette nouvelle étagère?

2 Identifiez You will hear a series of words. Write the word that does not belong in each series.
1. la baignoire, la douche, le fauteuil, le lavabo
2. les toilettes, le tapis, la commode, le lit
3. le fauteuil, le canapé, la table, la baignoire
4. la chambre, le mur, la salle à manger, le salon
5. le miroir, l'affiche, le rideau, le balcon
6. le garage, l'armoire, la table, la commode
7. la résidence, le quartier, le studio, l'appartement
8. le couloir, les pièces, l'étagère, le sous-sol

3 Logique ou illogique? You will hear some statements. Decide if they are **logique** or **illogique**.
1. Bruno et Antonia emménagent dans le quartier sur un joli balcon.
2. Dans ma chambre, il y a un lit, une armoire et un tapis.
3. Pour aller au premier étage, il faut prendre le couloir et monter l'escalier.
4. Dans sa nouvelle cuisine, Sabine a des placards, une table et des toilettes.
5. Mes voisins ont un très joli jardin au sous-sol.
6. Dominique adore sa chambre et il dort tous les soirs dans sa baignoire.
7. L'été, Myriam adore bronzer sur le balcon.
8. Quand j'ai quitté mon appartement, mes parents m'ont aidée à emménager.

LES SONS ET LES LETTRES

s and ss

You've already learned that an **s** at the end of a word is usually silent.

> lavabos   copains   vas   placards

An **s** at the beginning of a word, before a consonant, or after a pronounced consonant, is pronounced like the *s* in the English word *set*.

> soir   salon   studio   absolument

A double *s* is pronounced like the *ss* in the English word *kiss*.

> grosse   assez   intéressant   rousse

An **s** at the end of a word is often pronounced when the following word begins with a vowel sound. An **s** in a liaison sounds like a *z*, like the *s* in the English word *rose*.

> très élégant   trois hommes

The other instance where the French **s** has a *z* sound is when there is a single **s** between two vowels within the same word. The **s** is pronounced like the *s* in the English word *music*.

> musée   amusant   oiseau   besoin

These words look alike, but have different meanings. Compare the pronunciations of each word pair.

> poison   poisson   désert   dessert

1 Prononcez Répétez les mots suivants à voix haute.
1. sac
2. triste
3. suisse
4. chose
5. bourse
6. passer
7. surprise
8. assister
9. magasin
10. expressions
11. sénégalaise
12. sérieusement

2 Articulez Répétez les phrases suivantes à voix haute.
1. Le spectacle est très amusant et la chanteuse est superbe.
2. Est-ce que vous habitez dans une résidence universitaire?
3. De temps en temps, Suzanne assiste à l'inauguration d'expositions au musée.
4. Heureusement, mes professeurs sont sympathiques, sociables et très sincères.

3 Dictons Répétez les dictons à voix haute.
1. Si jeunesse savait, si vieillesse pouvait.
2. Les oiseaux de même plumage s'assemblent sur le même rivage.

4 Dictée You will hear six sentences. Each will be said twice. Listen carefully and write what you hear.
1. Ce sont trois hommes très élégants.
2. Dans son salon, elle a un très beau tapis.
3. La salle à manger est assez grande pour ses invités.
4. Susanne a besoin de louer un studio dans une résidence universitaire.
5. Cette grosse femme rousse est une chanteuse remarquable.
6. Ce spectacle est amusant et intéressant.

STRUCTURES

PA.1 The passé composé vs. the imparfait (Part 1)

1 Identifiez Listen to each sentence in the past tense and indicate which category best describes it.

1. L'année dernière, mes parents et moi avons voyagé en Irlande.
2. Nous faisions du vélo tous les jours.
3. Les enfants nettoyaient parfois le garage.
4. Ma mère était vraiment inquiète ce jour-là.
5. Il a regardé la télé tout l'après-midi.
6. Madame Gautier achetait des lampes dans ce magasin.
7. Le jardin était joli et il y avait beaucoup de fleurs.
8. Le concert a commencé très tard.
9. J'ai payé le loyer hier.
10. Il faisait un temps épouvantable.

2 Changez Listen to each question and choose the most logical answer.

1. Quel temps faisait-il en général?
2. Qu'est-ce que tu faisais après l'école?
3. Qu'est-ce que Martin et toi avez fait hier?
4. Comment était la fête d'anniversaire de Sébastien?
5. Où sont mes clés?
6. Qu'est-ce que ton ami a fait l'été dernier?

3 Complétez Complete each sentence you hear in the **passé composé** or the **imparfait** using the cue in your lab manual. Repeat the correct response after the speaker.

modèle   *You hear:* Ma petite amie adore danser, mais quand elle était au lycée...
   You see: préférer chanter
   You say: **elle préférait chanter.**

1. Je mange une pizza maintenant, mais hier...
2. Tu joues au golf maintenant, mais quand tu étais petit...
3. Mes amis étudient sérieusement maintenant, mais quand ils avaient quinze ans...
4. Je prends l'autobus maintenant, mais ce matin...
5. Mon père nettoie le salon maintenant, mais la semaine dernière...
6. Karine et Lisa portent toujours des jeans maintenant, mais quand elles étaient jeunes...

PA.2 The passé composé vs. the imparfait (Part 2)

1 Complétez Listen to each phrase and complete it using the cues in your lab manual. Repeat the correct response after the speaker.

modèle   *You hear:* Elle regardait la télé quand...
   You see: son frère / sortir la poubelle
   You say: **Elle regardait la télé quand son frère a sorti la poubelle.**

1. J'essuyais la vaisselle quand...
   J'essuyais la vaisselle quand papa est rentré.
2. Ma copine et moi jouions aux cartes quand...
   Ma copine et moi jouions aux cartes quand son petit ami a téléphoné.

3. Quand maman a appelé de l'aéroport...
   Quand maman a appelé de l'aéroport, mes sœurs dormaient.
4. Vous faisiez la lessive quand...
   Vous faisiez la lessive quand la cafetière est tombée.
5. Quand Isabelle et moi sommes descendues à la cave...
   Quand Isabelle et moi sommes descendues à la cave, vous étiez dans le jardin.
6. Quand mon grand-père est mort...
   Quand mon grand-père est mort, nous vivions au Sénégal.

2 Changez Change each sentence you hear in the present tense to the appropriate past tense. Repeat the correct response after the speaker. (*8 items*)

modèle   D'habitude, je sors à huit heures du matin.
   D'habitude, je sortais à huit heures du matin.

1. En général, nous parlons français en classe.
   En général, nous parlions français en classe.
2. Je voyage deux fois par an.
   Je voyageais deux fois par an.
3. Tout à coup, les enfants ont peur.
   Tout à coup, les enfants ont eu peur.
4. Il fait toujours du vent ici.
   Il faisait toujours du vent ici.
5. On vend parfois des frigos dans ce magasin.
   On vendait parfois des frigos dans ce magasin.
6. Un jour, il pleut.
   Un jour, il a plu.
7. Soudain, le prof voit Leïla près de l'hôpital.
   Soudain, le prof a vu Leïla près de l'hôpital.
8. Tu as besoin d'argent de temps en temps.
   Tu avais besoin d'argent de temps en temps.

3 Répondez Answer each question you hear using the cue in your lab manual. Repeat the correct response after the speaker.

modèle   *You hear:* Qu'est-ce que tu lisais quand tu avais neuf ans?
   You see: des bandes dessinées
   You say: **Je lisais des bandes dessinées.**

1. Qu'est-ce que tu aimais manger quand tu étais jeune?
   J'aimais manger des frites.
2. Qu'est-ce que vous avez fait samedi soir?
   Nous avons rendu visite à mes grands-parents.
3. Où est-ce que tu allais souvent quand tu avais seize ans?
   J'allais souvent au centre commercial.
4. Qu'est-ce que tes amis faisaient le soir?
   Mes amis allaient au centre-ville.
5. Est-ce que vous habitiez dans un appartement?
   Non, nous habitions dans une grande maison.
6. Qu'est-ce que Sylvie a mis pour aller en boîte de nuit?
   Sylvie a mis une robe noire.

Leçon PB

CONTEXTES

1 Logique ou illogique? Listen to these statements and indicate whether they are **logique** or **illogique**.

1. Jeanne a mis le balai dans le congélateur.
2. Après le déjeuner, Isabelle a débarrassé la table.
3. Édouard a repassé sa chemise avec un fer à repasser.
4. Vos vêtements étaient propres, vous avez donc fait la lessive.
5. Nous avons essuyé la vaisselle avec un oreiller.
6. Ils ont sorti les poubelles après le dîner.
7. Pour faire le lit, Nathalie a mis des draps propres, une couverture et un balai.
8. J'ai préparé le café avec le sèche-linge.

2 Les tâches ménagères Martin is a good housekeeper and does everything that needs to be done in the house. Listen to each statement and decide what he did. Then, repeat the correct answer after the speaker.

modèle   Les vêtements étaient sales.
          Alors, il a fait la lessive.

1. Les verres étaient sales.
   Alors, il a fait la vaisselle.
2. Virginie avait faim.
   Alors, il a fait la cuisine.
3. Le tapis était sale.
   Alors, il a passé l'aspirateur.
4. Il y avait des verres sales sur la table.
   Alors, il a débarrassé la table.
5. Le chemisier de Virginie était sur la table à repasser.
   Alors, il a repassé le chemisier de Virginie.
6. Il y avait beaucoup trop de choses dans la poubelle.
   Alors, il a sorti la poubelle.

3 Décrivez Julie has invited a few friends over. When her friends are gone, she goes in the kitchen. Look at the drawing and write the answer to each question you hear.

1. Est-ce que ses amies l'ont aidée à ranger la cuisine?
2. Qu'est-ce qu'il y a dans l'évier?
3. Qu'est-ce qu'il y a comme appareils ménagers?
4. Qu'est-ce que Julie a fait pour tout nettoyer?

LES SONS ET LES LETTRES

Semi-vowels

French has three semi-vowels. Semi-vowels are sounds that are produced in much the same way as vowels, but also have many properties in common with consonants. Semi-vowels are also sometimes referred to as *glides* because they glide from or into the vowel they accompany.

   Lucien   chien   soif   nuit

The semi-vowel that occurs in the word **bien** is very much like the *y* in the English word *yes*. It is usually spelled with an i or a y, pronounced *ee*, then glides into the following sound. This semi-vowel sound is also produced when ll follows an i.

   nation   balayer   bien   brillant

The semi-vowel that occurs in the word **soif** is like the *w* in the English words *was* and *we*. It usually begins with o or ou, then glides into the following vowel.

   trois   froid   **oui**   ouistiti

The third semi-vowel sound occurs in the word **nuit**. It is spelled with the vowel u, as in the French word **tu**, then glides into the following sound.

   lui   suis   cruel   intellectuel

1 Prononcez Répétez les mots suivants à voix haute.

1. oui
2. taille
3. suisse
4. fille
5. mois
6. cruel
7. minuit
8. jouer
9. cuisine
10. juillet
11. échouer
12. croissant

2 Articulez Répétez les phrases suivantes à voix haute.

1. Voici trois poissons noirs.
2. Louis et sa famille sont suisses.
3. Parfois, Grégoire fait de la cuisine chinoise.
4. Aujourd'hui, Matthieu et Damien vont travailler.
5. Françoise a besoin de faire ses devoirs d'histoire.
6. La fille de Monsieur Poirot va conduire pour la première fois.

3 Dictons Répétez les dictons à voix haute.

1. La nuit, tous les chats sont gris.
2. Vouloir, c'est pouvoir.

4 Dictée You will hear six sentences. Each will be said twice. Listen carefully and write what you hear.

1. Hier soir, Antoine est rentré chez lui à minuit.
2. Aujourd'hui, c'est l'anniversaire de Mathieu.
3. Nous avons besoin de finir de faire la vaisselle et de balayer la cuisine.
4. Louis va travailler en Suisse pour la première fois.
5. Grégoire aime beaucoup jouer avec ses trois chiens.
6. Damien n'est pas brillant et il a échoué à son examen d'histoire.

STRUCTURES

PB.1 The passé composé vs. the imparfait

1 Identifiez Listen to each statement and identify the verbs in the **imparfait** and the **passé composé**. Write them in the appropriate column.

modèle   *You hear:* Quand je suis entrée dans la cuisine, maman faisait la vaisselle.

        You write: **suis entrée** under *passé composé* and
              faisait under *imparfait*.

1. Je balayais la cuisine quand tu m'as téléphoné.
2. Il pleuvait, alors nous sommes rentrés.
3. Laurent a débarrassé la table pendant qu'Anaïs repassait le linge.
4. Je faisais les lits quand tu préparais le petit-déjeuner.
5. Tu as rangé ta chambre et nous sommes sortis au restaurant.
6. Il neigeait quand nous sommes arrivés à la gare.
7. Nous avions soif et nous avons bu une eau minérale.
8. Nous sommes arrivés quand le film commençait.

2 Répondez Answer the questions using cues in your lab manual. Substitute direct object pronouns for the direct object nouns when appropriate. Repeat the correct response after the speaker.

modèle *You hear:* Pourquoi as-tu passé l'aspirateur?
        You see: la cuisine / être sale.
        You say: Je l'ai passé parce que la cuisine était sale.

1. Pourquoi as-tu balayé les escaliers deux fois cette semaine?
   Je les ai balayés deux fois cette semaine parce que j'avais des invités.
2. Pourquoi êtes-vous rentrés?
   Nous sommes rentrés parce qu'il pleuvait.
3. Pourquoi n'avez-vous pas fait la vaisselle?
   Nous ne l'avons pas faite parce que nous étions fatigués.
4. Pourquoi est-ce que vous êtes allés au café?
   Nous sommes allés au café parce que nous avions soif.
5. Qu'est-ce que vous faisiez quand Julien est arrivé?
   Quand Julien est arrivé, nous rangions l'appartement.
6. Pourquoi as-tu lavé ta voiture ce matin?
   Je l'ai lavée parce qu'il faisait beau.
7. Quand est-ce qu'ils ont regardé ce match de foot?
   Ils l'ont regardé pendant que Myriam préparait le repas.
8. Pourquoi Léa a-t-elle dormi tout l'après-midi?
   Léa a dormi tout l'après-midi parce qu'elle était malade.

3 Vrai ou faux? Listen as Coralie tells you about her childhood. Then, read the statements in your lab book and decide whether they are **vrai** or **faux**.

Quand j'étais petite, nous habitions une toute petite ville. Mon père était architecte et ma mère travaillait dans une école. Tous les soirs, nous dînions ensemble. Ma mère préparait le dîner et je mettais la table. Après manger, mes frères débarrassaient et sortaient les poubelles. Mon père sortait le chien. Un jour, ma mère a perdu son travail. Mon père n'avait plus beaucoup de clients et mes parents ont décidé de tout vendre. C'est comme ça qu'on a déménagé à Deauville. J'adore la mer et maintenant j'ai l'impression d'être en vacances toute l'année!

PB.2 The verbs savoir and connaître

1 Connaître ou savoir You will hear some sentences with a beep in place of the verb. Decide which form of **connaître** or **savoir** should complete each sentence and circle it.

1. Je *(beep)* Benoît.

2. Ma petite sœur *(beep)* nager depuis six mois.
3. Nous *(beep)* très bien l'Afrique.
4. Louis et Olga *(beep)* parler allemand et russe.
5. Vous *(beep)* le président de l'université?
6. Nous *(beep)* danser le tango.

2 Changez Listen to the following statements and say that you do the same activities. Repeat the correct answer after the speaker.

modèle Alexandre sait parler chinois.
        Moi aussi, je sais parler chinois.

1. Mes parents connaissent bien la Tunisie
   Moi aussi, je connais bien la Tunisie.
2. Nous savons faire la cuisine créole.
   Moi aussi, je sais faire la cuisine créole.
3. Véronique connaît Monsieur Grimaldi.
   Moi aussi, je connais Monsieur Grimaldi.
4. Les étudiants connaissaient bien ce professeur.
   Moi aussi, je connaissais bien ce professeur.
5. Christophe et Odile savent faire une bonne soupe de poisson.
   Moi aussi, je sais faire une bonne soupe de poisson.
6. Nous savions que son frère était discret.
   Moi aussi, je savais que son frère était discret.

3 Répondez Answer each question using the cue that you hear. Repeat the correct response after the speaker.

modèle Est-ce que tes parents connaissent tes amis?
        Oui, mes parents connaissent mes amis.

1. Est-ce que ta sœur sait faire la cuisine? (oui)
   Oui, ma sœur sait faire la cuisine.
2. Est-ce que tu sais quand les voisins partent en vacances? (non)
   Non, je ne sais pas quand mes voisins partent en vacances.
3. Est-ce que ta famille connaît Paris? (oui)
   Oui, ma famille connaît Paris.
4. Depuis quand est-ce que vous connaissez ce petit restaurant? (six mois)
   Nous connaissons ce petit restaurant depuis six mois.
5. Est-ce que tu sais conduire cette voiture de sport? (oui)
   Oui, je sais conduire cette voiture de sport.
6. Est-ce que vous connaissez les colocataires de vos amis? (non)
   Non, nous ne connaissons pas les colocataires de nos amis.

4 Mon amie Listen as Salomé describes her roommate. Then, read the statements in your lab manual and decide whether they are **vrai** or **faux**.

J'ai connu Christine à l'université il y a deux ans. Maintenant nous habitons ensemble. Christine étudie les langues et elle sait parler anglais, allemand, russe et chinois. Elle sait aussi danser et elle connaît tout sur la philosophie. Elle sait faire la cuisine et maintenant je connais toutes les recettes de sa grand-mère. Mais Christine déteste faire le ménage. Elle ne sait pas passer l'aspirateur ou repasser un tee-shirt.

Unité 1

CONTEXTES

1 Identifiez Listen to each question and mark an **X** in the appropriate category.

modèle   *You hear:* Un steak, qu'est-ce que c'est?
              You mark: an X under viande

1. Une saucisse, qu'est-ce que c'est?
2. Des petits pois, qu'est-ce que c'est?
3. Des fraises, qu'est-ce que c'est?
4. Du thon, qu'est-ce que c'est?
5. Des haricots verts, qu'est-ce que c'est?
6. Du poulet, qu'est-ce que c'est?
7. Du porc, qu'est-ce que c'est?
8. Des poires, qu'est-ce que c'est?
9. Des poivrons rouges, qu'est-ce que c'est?
10. Des pommes de terre, qu'est-ce que c'est?

2 Quelques suggestions Listen to each sentence and write the number near the drawing of the food mentioned.

1. Est-ce que vous savez comment préparer les champignons?
2. J'ai lu dans le journal que manger de l'ail très souvent était une très bonne chose.
3. Malik a besoin d'acheter de belles tomates pour préparer le déjeuner.
4. Pour maigrir, mangez plus de haricots verts et moins de gâteaux!
5. Cet enfant difficile a réussi à finir toutes ses carottes.
6. En Italie, il y a beaucoup de spécialités faites avec des poivrons.
7. Tu sais, autrefois, il y avait de la soupe à l'oignon à la cantine une fois par mois!
8. Lulu réfléchissait à ce qu'elle allait cuisiner avec les pommes de terre.

3 Au restaurant You will hear a couple ordering food in a restaurant. Write the items they order in the appropriate category.

SERVEUR Bonjour, Mademoiselle, Monsieur. Vous avez choisi?
LÉA Pour commencer, je vais prendre les fruits de mer.
THÉO Et moi, le pâté de campagne.
SERVEUR Très bien, et ensuite Mademoiselle?
LÉA Ensuite, je vais prendre le poisson du jour avec du riz et des haricots verts.
THÉO Et moi, je prends le poulet avec des frites.
SERVEUR Et pour finir, du fromage?
LÉA Non, aujourd'hui j'ai envie d'un dessert. Un éclair au café, s'il vous plaît.
THÉO Et moi, euh… une glace au chocolat, s'il vous plaît!
SERVEUR Et comme boisson?
LÉA Une eau minérale…
THÉO Et un verre de vin rouge, s'il vous plaît.

LES SONS ET LES LETTRES

e caduc and e muet

You already learned that the vowel **e** in very short words is pronounced similarly to the *a* in the English word *about*. This sound is called an **e caduc**. An **e caduc** can also occur in longer words and before words beginning with vowel sounds.

    rechercher   devoirs   le haricot   le onze

An **e caduc** occurs in order to break up clusters of several consonants.

    appartement   quelquefois   poivre vert   gouvernement

An **e caduc** is sometimes called **e muet** (*mute*). It is often dropped in spoken French.

    Tu ne sais pas.   Je veux bien!
    C'est un livre intéressant.

An unaccented **e** before a single consonant sound is often silent unless its omission makes the word difficult to pronounce.

    semaine   petit   finalement

An unaccented **e** at the end of a word is usually silent and often marks a feminine noun or adjective.

    fraise   salade   intelligente   jeune

1 Prononcez Répétez les mots suivants à voix haute.

1. vendredi
2. logement
3. exemple
4. devenir
5. tartelette
6. finalement
7. boucherie
8. petits pois
9. pomme de terre
10. malheureusement

2 Articulez Répétez les phrases suivantes à voix haute.

1. Tu ne vas pas prendre de casquette?
2. J'étudie le huitième chapitre maintenant.
3. Il va passer ses vacances en Angleterre.
4. Marc me parle souvent au téléphone.
5. Mercredi, je réserve dans une auberge.
6. Finalement, ce petit logement est bien.

3 Dictons Répétez les dictons à voix haute.

1. L'habit ne fait pas le moine.
2. Le soleil luit pour tout le monde.

4 Dictée You will hear six sentences. Each will be said twice. Listen carefully and write what you hear.

1. La semaine dernière à la cantine, la nourriture était délicieuse.
2. À midi j'aime prendre une salade de tomates, une saucisse avec des frites et une pêche.

Unité 1 Audio Program Script | **85**

3. Je ne sais pas si c'est un livre intéressant, je ne l'ai pas encore lu.
4. J'adore un bon steak et une salade verte.
5. L'amie de mon frère est une jeune femme intelligente.
6. Ma mère a préparé des tartelettes aux fraises.

STRUCTURES

1A.1 The verb venir and the passé récent

1 Identifiez Listen to each sentence and decide whether the verb is in the near future or recent past. Mark an **X** in the appropriate column.

modèle   *You hear:* Pierre vient d'aller au marché.
           You mark: an **X** under **passé récent**.

1. Je viens d'acheter des yaourts.
2. Ils viennent de débarrasser la table.
3. Vous allez passer l'aspirateur.
4. Nous venons de faire la vaisselle.
5. Emmanuelle va essuyer la table.
6. Tu vas sortir les poubelles.
7. Vous venez de ranger.
8. Je vais déménager.

2 Changez Change each sentence from the passé composé to the passé récent using the correct form of venir de. Repeat the correct answer after the speaker.

modèle   Éric et Mathilde sont allés en Corse.
           Éric et Mathilde viennent d'aller en Corse.

1. Monsieur Martin est allé au marché.
   Monsieur Martin vient d'aller au marché.
2. Nous avons acheté une nouvelle voiture.
   Nous venons d'acheter une nouvelle voiture.
3. Antonio et Virginie sont revenus des sports d'hiver.
   Antonio et Virginie viennent de revenir des sports d'hiver.
4. Farid et Clémentine ont déménagé à Orléans.
   Farid et Clémentine viennent de déménager à Orléans.
5. Ariane est partie le chercher à la gare.
   Ariane vient de partir le chercher à la gare.
6. Vous avez rendu visite à vos amis au Maroc.
   Vous venez de rendre visite à vos amis au Maroc.

3 Répondez Use the passé récent to answer each question you hear. Repeat the correct response after the speaker.

modèle   Tu vas téléphoner à Martin?
           Je viens de téléphoner à Martin.

1. Vous allez aller au théâtre?
   Nous venons d'aller au théâtre.
2. Adrien va acheter une nouvelle voiture?
   Adrien vient d'acheter une nouvelle voiture.
3. Tu vas nettoyer ta chambre?
   Je viens de nettoyer ma chambre.
4. Vous allez prendre un dessert?
   Nous venons de prendre un dessert.
5. Ils vont visiter le musée du Louvre?
   Ils viennent de visiter le musée du Louvre.

1A.2 The verbs devoir, vouloir, pouvoir

1 Changez Form a new sentence using the cue you hear as the subject. Repeat the correct answer after the speaker.

modèle   Je veux apprendre le français. (Mike et Sara)
           Mike et Sara veulent apprendre le français.

1. Pour être bon en maths, tu dois faire des exercices tous les jours. (vous)
   Pour être bon en maths, vous devez faire des exercices tous les jours.
2. Pascal déteste la viande; il ne peut pas manger ce sandwich au poulet. (nous)
   Nous détestons la viande; nous ne pouvons pas manger ce sandwich au poulet.
3. Pour son anniversaire, nous voulons lui acheter un aspirateur. (mes parents)
   Pour son anniversaire, mes parents veulent lui acheter un aspirateur.
4. Nos invités doivent arriver vers vingt heures. (Aline)
   Aline doit arriver vers vingt heures.
5. Qu'est-ce que vous voulez faire ce soir? (tu)
   Qu'est-ce que tu veux faire ce soir?
6. Vous pouvez débarrasser la table? (je)
   Je peux débarrasser la table?

2 Répondez Answer each question you hear using the cue in your lab manual. Repeat the correct answer after the speaker.

modèle   *You hear:* Est-ce que tu as pu faire tes devoirs hier soir?
           You see: non
           You say: **Non, je n'ai pas pu faire mes devoirs hier soir.**

1. À quelle heure est-ce que vous deviez prendre le train?
   Nous devions prendre le train à midi.
2. Pour maigrir, qu'est-ce que je peux manger?
   Pour maigrir, tu peux manger des légumes.
3. Qu'est-ce que nous devons faire pour réussir nos examens?
   Pour réussir vos examens, vous devez étudier régulièrement.
4. Pourquoi est-ce que tu veux aller dans ce restaurant?
   Je veux aller dans ce restaurant parce que je veux manger des escargots.
5. Où peut-on acheter des fruits de mer?
   On peut acheter des fruits de mer au marché.
6. Voulez-vous aller au théâtre ou au cinéma?
   Nous voulons aller au cinéma.

3 La fête Listen to the following description. Then, read the statements in your lab manual and decide whether they are **vrai** or **faux**.

Ce soir, Madeleine est très triste. Elle était tellement fatiguée, elle n'a pas pu aller à l'anniversaire de son amie Sophie. Bien sûr, elle a voulu le lui dire et elle a essayé de l'appeler tout l'après-midi, mais son amie n'a jamais répondu. Elle n'a pas dû entendre le téléphone, ou bien elle n'a pas voulu répondre parce qu'elle devait aider à tout préparer. Sophie ne devait pas inviter plus de vingt-cinq personnes, mais elle a pu inviter qui elle voulait. En plus, plusieurs de ses copains devaient venir organiser la musique chez elle dans l'après-midi. Ils vont danser toute la nuit!

4 Complétez Nathalie is at her neighbor's house. Listen to what she says and write the missing words in your lab manual.

Bonjour, excusez-moi, est-ce que je peux utiliser votre téléphone, s'il vous plaît? Je dois appeler un taxi immédiatement. Ma famille et moi, nous devons partir tout de suite chez ma belle-mère. La situation est assez grave. Pouvez-vous donner à manger à notre chat quelques jours? Mon mari et moi, nous voulons revenir au plus vite. Les enfants doivent retourner à l'école la semaine prochaine et mon mari ne peut pas être absent de son bureau plus d'une semaine, mais nous ne pouvons pas vous donner de date précise. Si vous ne pouvez pas donner à manger à notre chat tous les jours, je peux aussi demander à un autre voisin de venir.

Leçon 1B
CONTEXTES

1 Logique ou illogique? Listen to each statement and indicate whether they are **logique** or **illogique**.
1. Astrid achète son pain à la boulangerie.
2. Charles mange un steak sur une serviette.
3. Mes parents ont commandé un excellent poisson à la boucherie.
4. Je goûte la soupe à l'oignon avec un couteau.
5. Pour commencer le repas, le garçon apporte l'addition.
6. Mon père boit un verre d'huile d'olive avec ses escargots.
7. Nous avons acheté des saucisses à la charcuterie.
8. On vend du pâté à la pâtisserie.

2 Choisissez Listen to each statement and choose the option that completes it logically.
1. Tristan adore la soupe.
2. Nous sommes à la charcuterie.
3. Gérald demande la carte.
4. Je mange mon steak au poivre...
5. Vous buvez du vin rouge...
6. Dans mon sandwich au thon, je mets...

3 À table! Céline has something to do tonight. Write down what it is, then list what she has put on the table, and what she has forgotten.

Tous les soirs Céline aide ses parents. Aujourd'hui, elle va mettre la table. Elle a mis les assiettes, les bols, les verres, les fourchettes, les couteaux et les cuillères. Elle a oublié les serviettes, le sel, le poivre, la moutarde et la carafe d'eau.

LES SONS ET LES LETTRES
Stress and rhythm

In French, all syllables are pronounced with more or less equal stress, but the final syllable in a phrase is elongated slightly.

Je fais souvent du <u>sport</u>, mais aujourd'hui, j'ai envie de rester à la mai<u>son</u>.

French sentences are divided into three basic kinds of rhythmic groups.

Caroline et Dominique   sont venues   chez moi.

The final syllable of a rhythmic group may be slightly accentuated either by rising intonation (pitch) or elongation.

Caroline et Dominique sont venues chez moi.

In English, you can add emphasis by placing more stress on certain words. In French, you can emphasize the word by adding the corresponding pronoun or you can elongate the first consonant sound.

Je ne sais pas, <u>moi</u>.   Quel <u>i</u>diot!   C'est <u>fan</u>tastique!

1 Prononcez Répétez les phrases suivantes à voix haute.
1. Ce n'est pas vrai, ça.
2. Bonjour, Mademoiselle.
3. Moi, je m'appelle Florence.
4. La clé de ma chambre, je l'ai perdue.
5. Je voudrais un grand café noir et un croissant, s'il vous plaît.
6. Nous allons tous au marché, mais Marie, elle, va au centre commercial.

2 Articulez Répétez les phrases en mettant l'emphase sur les mots indiqués.
1. C'est *impossible*!
2. Le film était *super*!
3. Cette tarte est *délicieuse*!
4. Quelle idée *extraordinaire*!
5. Ma sœur parle *constamment*.

3 Dictons Répétez les dictons à voix haute.
1. Les chemins les plus courts ne sont pas toujours les meilleurs.
2. Le chat parti, les souris dansent.

4 Dictée You will hear six sentences. Each will be said twice. Listen carefully and write what you hear.
1. Caroline met la nappe, les serviettes et la carafe d'eau sur la table.
2. Dans ce restaurant, ils servent une soupe de poisson délicieuse!
3. Paul et Luc ont commandé du pâté en entrée.
4. Anne et Jacques sont venus dîner chez moi.
5. Mes amis vont souvent au marché, mais aujourd'hui il fait froid et ils restent chez eux.
6. Des frites avec de la mayonnaise, j'adore ça!

STRUCTURES

1B.1 Comparatives and superlatives of adjectives and adverbs

1 Choisissez You will hear a series of descriptions. Choose the statement in your lab manual that expresses the correct comparison.

1. Simone a vingt-cinq ans et Paul a quinze ans.
2. Luc a gagné treize matchs de tennis et Pierre a gagné trois matchs.
3. Je regarde la télé tous les jours et toi, tu la regardes tous les trois jours.
4. Odile est jolie, mais Claire est laide.
5. Abdel étudie jusqu'à 11 heures et Pascal jusqu'à minuit.
6. Julie sort tous les soirs avec des amis et moi je sors tous les soirs seule.

2 Comparez Look at each drawing and answer the question you hear with a comparative statement. Repeat the correct response after the speaker.

1. Qui est le plus petit?
   Lucie est la plus petite.
2. Qui est le plus gros?
   François est le plus gros.
3. Qui est la plus blonde?
   Joséphine est la plus blonde.

3 Pas d'accord Olivier and Juliette never agree. Respond to each one of Olivier's statements using the opposite comparative. Repeat the correct response after the speaker.

modèle   Malika est plus amusante que Julie.
          Non, Malika est moins amusante que Julie.

1. Martin est plus grand que Tristan.
   Non, Martin est moins grand que Tristan.
2. Catherine chante moins bien que son frère.
   Non, Catherine chante mieux que son frère.
3. Le livre est souvent meilleur que le film.
   Non, le livre est souvent moins bon que le film.
4. Son deuxième film est pire que le premier.
   Non, son deuxième film est meilleur que le premier.
5. Le vin blanc est meilleur que le vin rouge.
   Non, le vin blanc est moins bon que le vin rouge.
6. La soupe à l'oignon est moins bonne que la soupe de poisson.
   Non, la soupe à l'oignon est meilleure que la soupe de poisson.

4 Répondez Answer each statement you hear using the absolute superlative. Repeat the correct response after the speaker.

modèle   Les magasins sur cette avenue sont très chers.
          Oui, les magasins sur cette avenue sont les plus chers.

1. Cette librairie vend des livres très intéressants.
   Oui, cette librairie vend les livres les plus intéressants.
2. C'est une très bonne pâtisserie.
   Oui, c'est la meilleure pâtisserie.
3. Les pâtes italiennes sont très bonnes.
   Oui, les pâtes italiennes sont les meilleures.
4. C'est un tailleur qui lui va très bien.
   Oui, c'est le tailleur qui lui va le mieux.
5. Gérard Depardieu est un très bon acteur.
   Oui, Gérard Depardieu est le meilleur acteur.
6. Johnny Hallyday est un chanteur français très célèbre.
   Oui, Johnny Hallyday est le chanteur français le plus célèbre.

1B.2 Double object pronouns

1 Choisissez Listen to each statement and choose the correct response.

1. Anisa a demandé le menu au serveur.
2. Le serveur a apporté la carte à la cliente.
3. Le serveur a décrit le plat du jour à ses clients.
4. Le chef vous prépare son meilleur plat.
5. Alexandre a demandé l'addition au serveur.
6. Les clients vont laisser un pourboire au serveur.

2 Changez Repeat each statement, replacing the direct and indirect object nouns with pronouns.

modèle   J'ai posé la question à Michel.
          Je la lui ai posée.

1. Je prête mon écharpe à Farid.
   Je la lui prête.
2. Véronique me lit le journal tous les matins.
   Elle me le lit tous les matins.
3. Nous achetons les steaks pour nos voisins.
   Nous les leur achetons.
4. Vos parents vous envoient souvent ce cadeau.
   Vos parents vous l'envoient souvent.
5. Tu as donné les livres à votre professeur.
   Tu les lui as donnés.
6. Elles nous écrivent les réponses au tableau.
   Elles nous les écrivent au tableau.

3 Répondez Answer the questions using the cues you hear. Repeat the correct answer after the speaker.

modèle   Vous me servez les escargots? (non)
          Non, je ne vous les sers pas.

1. Vous m'apportez le menu, s'il vous plaît? (oui)
   Oui, je vous l'apporte.
2. Tu me donnes ton assiette? (oui)
   Oui, je te la donne.
3. Vous allez lui laisser le pourboire sur la table? (oui)
   Oui, nous allons le lui laisser sur la table.

4. Tes parents t'ont acheté cette voiture? (non)

   Non, ils ne me l'ont pas achetée.

5. Tu as prêté ce livre à Pauline? (non)

   Non, je ne le lui ai pas prêté.

6. Paul va envoyer cette lettre à son amie? (oui)

   Oui, il va la lui envoyer.

4 Complétez Magali is talking to her friend Pierre about a party. Listen to what they say and write the missing words in your lab manual.

MAGALI Jeudi prochain, c'est l'anniversaire de Jennifer et je veux lui faire une fête surprise. Elle travaille ce jour-là, alors je la lui prépare pour samedi.

PIERRE C'est une très bonne idée. Ne t'inquiète pas, je ne vais pas le lui dire. Si tu veux, je peux l'emmener au cinéma pendant que tu prépares la fête.

MAGALI D'accord. Julien m'a donné quelques idées pour la musique et pour les boissons. Il me les a données quand nous avons parlé hier soir.

PIERRE Super! Tu as pensé au gâteau au chocolat? Je peux te le faire. C'est ma spécialité!

MAGALI Merci, c'est vraiment gentil. Jennifer adore le chocolat, elle va l'adorer!

PIERRE Et pour le cadeau?

MAGALI Je vais le lui acheter cet après-midi. Elle m'a parlé d'une jupe noire qu'elle aime beaucoup dans un magasin près de chez moi. Je vais la lui prendre.

PIERRE Tu as raison, le noir lui va bien.

MAGALI Bon, je pars faire mes courses. À plus tard!

PIERRE À samedi, Magali!

Unité 2

CONTEXTES

1 Décrivez For each drawing, you will hear two statements. Choose the one that corresponds to it.

1. a. Clothilde se coiffe.
   b. Clothilde prend une douche.
2. a. Clothilde se brosse les cheveux.
   b. Clothilde se brosse les dents.
3. a. Clothilde s'habille.
   b. Clothilde se sèche.
4. a. Clothilde se lève.
   b. Clothilde se couche.

2 Répondez Laure is going to baby-sit your nephew. Answer the questions about his daily routine using the cues in your lab manual. Repeat the correct response after the speaker.

modèle   You hear: À quelle heure est-ce qu'il prend son petit-déjeuner?

You see: 8h00
You say: **Il prend son petit-déjeuner à huit heures.**

1. À quelle heure est-ce qu'il se réveille?
   Il se réveille à sept heures et demie.
2. Qu'est-ce qu'il fait avant de s'habiller?
   Il fait sa toilette.
3. Le soir, à quelle heure est-ce qu'il se couche?
   Il se couche à neuf heures et quart.
4. Est-ce qu'il s'habille seul?
   Non, il ne s'habille pas seul.
5. Avec quoi est-ce qu'il se sèche?
   Il se sèche avec la serviette rouge.
6. Quand est-ce qu'il se brosse les dents?
   Il se brosse les dents après tous les repas.

3 La routine de Frédéric Listen to Frédéric talk about his daily routine. Then, read the statements in your lab manual and decide whether they are vrai or faux.

Tous les matins, je me réveille à six heures. Je me lève, je m'habille et je sors acheter une baguette à la boulangerie avec mon chien. Quand je reviens à l'appartement, Mathilde a déjà préparé le café et elle prend sa douche. Je prends mon petit-déjeuner rapidement, et ensuite, pendant que Mathilde se brosse les cheveux et se maquille, je me lave et je me rase. Je me sèche, puis je m'habille très vite. Je me brosse les dents, je me coiffe et je quitte l'appartement à sept heures et demie.

LES SONS ET LES LETTRES

ch, qu, ph, th, and gn

The letter combination **ch** is usually pronounced like the English *sh*, as in the word *shoe*.

chat   chien   chose   enchanté

In words borrowed from other languages, the pronunciation of **c, h** may be irregular. For example, in words of Greek origin, **c, h** is pronounced **k**.

psychologie   technologie archaïque   archéologie

The letter combination **q, u** is almost always pronounced like the letter **k**.

quand   pratiquer   kiosque   quelle

The letter combination **p, h** is pronounced like an **f**.

téléphone   photo   prophète   géographie

The letter combination **t, h** is pronounced like the letter **t**. English *th* sounds, as in the words *this* and *with*, never occur in French.

thé   athlète   bibliothèque   sympathique

The letter combination **g, n** is pronounced like the sound in the middle of the English word *onion*.

montagne   espagnol   gagner   Allemagne

1 Prononcez Répétez les mots suivants à voix haute.

1. thé
2. quart
3. chose
4. question
5. cheveux
6. parce que
7. champagne
8. casquette
9. philosophie
10. fréquenter
11. photographie
12. sympathique

2 Articulez Répétez les phrases suivantes à voix haute.

1. Quentin est martiniquais ou québécois?
2. Quelqu'un explique la question à Joseph.
3. Pourquoi est-ce que Philippe est inquiet?
4. Ignace prend une photo de la montagne.
5. Monique fréquente un café en Belgique.
6. Théo étudie la physique.

3 Dictons Répétez les dictons à voix haute.

1. La vache la première au pré lèche la rosée.
2. N'éveillez pas le chat qui dort.

4 Dictée You will hear six sentences. Each will be said twice. Listen carefully and write what you hear.

1. J'habite au Québec parce que j'étudie la philosophie et la psychologie à l'Université de Montréal.
2. Quand je fais un séjour à la Martinique, je prends beaucoup de photos.
3. Claude est à la montagne en Espagne.
4. Théo adore la géographie et l'architecture.
5. Philippe et Laïla prennent un thé au café.
6. Il y a de beaux livres sur les chiens et les chats dans cette bibliothèque.

STRUCTURES

2A.1 Reflexive verbs

1 Transformez Form a new sentence using the cue you hear. Repeat the correct answer after the speaker.

modèle   Je me lève à huit heures. (mon frère)
           Mon frère se lève à huit heures.

1. Mes grands-parents se reposent. (vous}
   Vous vous reposez.
2. Paul s'occupe du chien. (tu)
   Tu t'occupes du chien.
3. Je me détends à la plage. (nous)
   Nous nous détendons à la plage.
4. Vous vous entendez bien. (mes amis)
   Mes amis s'entendent bien.
5. Nous nous préparons à partir. (je)
   Je me prépare à partir.
6. Vous vous ennuyez souvent. (Alice)
   Alice s'ennuie souvent.

2 Répondez Answer each question you hear using the cues in your lab manual. Repeat the correct response after the speaker.

modèle   *You hear:* Tu prends un bain tous les matins?
         You see: non
         You say: **Non, je ne prends pas de bain tous les matins.**

1. Tu te réveilles tôt ou tard le matin?
   Je me réveille tôt.
2. Ton frère se rase le matin ou le soir?
   Mon frère se rase le matin.
3. Vous vous brossez les dents après tous les repas?
   Oui, nous nous brossons les dents après tous les repas.
4. Tes amies se maquillent tous les jours?
   Non, mes amies ne se maquillent pas tous les jours.
5. Tu te laves les cheveux tous les soirs?
   Non, je ne me lave pas les cheveux tous les soirs.
6. Vous vous couchez avant ou après minuit?
   Nous nous couchons après minuit.

3 Qu'est-ce qu'il dit? Listen to Gérard talk about his family. Replace what he says with a reflexive verb. Repeat the correct response after the speaker.

modèle   Je sors de mon lit.
           Je me lève.

1. Nous entendons le réveil à sept heures.
   Nous nous réveillons à sept heures.
2. Charles met un jean et un tee-shirt.
   Charles s'habille.
3. Samia essuie son visage.
   Samia se sèche le visage.
4. Coralie et Nicolas vont au lit à neuf heures.
   Coralie et Nicolas se couchent à neuf heures.
5. Vous utilisez du maquillage.
   Vous vous maquillez.

6. Je commence à dormir à minuit.
   Je m'endors à minuit.

4 En vacances Answer each question you hear with a command using the cue you hear. Repeat the correct response after the speaker.

modèle   Je prends un bain? (non)
           Non, ne prends pas de bain.

1. Je me réveille à six heures? (oui)
   Oui, réveille-toi à six heures.
2. Je me lève? (oui)
   Oui, lève-toi.
3. Martha et moi, nous nous coiffons? (oui)
   Oui, coiffez-vous.
4. Je me brosse les dents? (oui)
   Oui, brosse-toi les dents.
5. Je me couche? (oui)
   Oui, couche-toi.
6. Je me rase? (non)
   Non, ne te rase pas.
7. Je me maquille? (non)
   Non, ne te maquille pas.
8. Marc et moi, on s'habille chaudement? (oui)
   Oui, habillez-vous chaudement.

2A.2 Reflexives: Sens idiomatique

1 Décrivez For each drawing, you will hear two statements. Choose the one that corresponds to the drawing.
1. a. Simon se prépare.
   b. Simon s'ennuie.
2. a. Charles se lève.
   b. Charles s'assied.
3. a. Malika s'ennuie à l'université.
   b. Malika s'intéresse à ses études.
4. a. Sylvain s'énerve quand il entend le réveil.
   b. Sylvain se détend quand il entend le réveil.

2 Répondez Answer each question you hear in the affirmative. Repeat the correct response after the speaker.

modèle   Est-ce que tu t'entends bien avec ta sœur?
           Oui, je m'entends bien avec ma sœur.

1. Est-ce que vous vous ennuyez parfois?
   Oui, nous nous ennuyons parfois.
2. Est-ce que tu te souviens de la date de l'anniversaire de ton copain?
   Oui, je me souviens de la date de l'anniversaire de mon copain.
3. Est-ce que tes amis se détendent vraiment à la plage?
   Oui, mes amis se détendent vraiment à la plage.
4. Est-ce que vous vous énervez souvent?
   Oui, nous nous énervons souvent.
5. Est-ce que tu vas t'occuper des enfants?
   Oui, je vais m'occuper des enfants.
6. Est-ce que tu te disputes avec tes frères et sœurs?
   Oui, je me dispute avec mes frères et sœurs.

3 Les deux sœurs Listen as Amélie describes her relationship with her sister. Then, read the statements in your lab manual and decide whether they are vrai or faux.

Bonjour, je m'appelle Amélie et ma sœur s'appelle Joëlle. Nous étudions dans la même université et nous nous intéressons à des choses similaires. Par exemple, nous discutons souvent de politique, mais quelquefois, nous nous disputons. Heureusement, nous nous rendons toujours rapidement compte que c'est idiot, nous nous embrassons et nous redevenons amies. Quand nous sommes ensemble, nous ne nous ennuyons jamais. Le samedi, nous nous promenons en ville pour faire du shopping. Joëlle s'habille très bien et nous nous amusons à essayer des robes et des tee-shirts sympas dans toutes les petites boutiques!

Lecon 2B

CONTEXTES

1 Décrivez For each drawing, you will hear two statements. Choose the one that corresponds to the drawing.
1. a. Martin a le bras cassé.
   b. Martin a la jambe cassée.
2. a. Julien a mal au cœur.
   b. Julien est tombé de vélo.
3. a. Jérôme a mal au ventre.
   b. Jérôme a la cheville foulée.
4. a. L'infirmière lui donne une pilule.
   b. L'infirmière lui fait une piqûre.

2 Identifiez You will hear a series of words. Write each one in the appropriate category.

modèle   *You hear:* Il tousse.
          You write: **tousse** under **symptôme.**

1. Il a mal au cœur.
2. la pharmacie
3. une aspirine
4. la cheville foulée
5. l'hôpital
6. la grippe
7. Elle est enceinte.
8. une allergie
9. la salle des urgences
10. une piqûre

LES SONS ET LES LETTRES

p, t, and c
Read the following English words aloud while holding your hand an inch or two in front of your mouth. You should feel a small burst of air when you pronounce each of the consonants.

    pan   top   cope   pat

In French, the letters **p, t,** and **c** are not accompanied by a short burst of air. This time, try to minimize the amount of air you exhale as you pronounce these consonants. You should feel only a very small burst of air or none at all.

    panne   taupe   capital   cœur

To minimize a *t* sound, touch your tongue to your teeth and gums, rather than just your gums.

    taille   tête   tomber   tousser

Similarly, you can minimize the force of a *p* by smiling slightly as you pronounce it.

    pied   poitrine   pilule   piqûre

When you pronounce a hard *k* sound, you can minimize the force by releasing it very quickly.

    corps   cou   casser   comme

1 Prononcez Répétez les mots suivants à voix haute.
1. plat
2. cave
3. tort
4. timide
5. commencer
6. travailler
7. pardon
8. carotte
9. partager
10. problème
11. rencontrer
12. confiture
13. petits pois
14. colocataire
15. canadien

2 Articulez Répétez les phrases suivantes à voix haute.
1. Paul préfère le tennis ou les cartes?
2. Claude déteste le poisson et le café.
3. Claire et Thomas ont-ils la grippe?
4. Tu préfères les biscuits ou les gâteaux?

3 Dictons Répétez les dictons à voix haute.
1. Les absents ont toujours tort.
2. Il n'y a que le premier pas qui coûte.

4 Dictée You will hear six sentences. Each will be said twice. Listen carefully and write what you hear.
1. Paul est tombé et maintenant il a le bras cassé.
2. Pauvre Caroline! Elle a mal au cœur et elle tousse beaucoup.
3. Tu peux choisir entre une pilule ou une piqûre.
4. Thomas a des problèmes et il est déprimé.
5. Tous les matins, Monsieur Martin part travailler en train.
6. Prends des petits pois et des carottes avec ton poisson.

STRUCTURES

2B.1 The passé composé of reflexive verbs

1 Identifiez Listen to each sentence and decide whether the verb is in the présent, imparfait, or passé composé.

modèle   *You hear:* Michel a mal aux dents.
          You mark: an **X** under **présent**.

1. Hier, Martin s'est foulé la cheville.
2. Hugues se blessait souvent.
3. Blanche ne se sentait pas bien.
4. Le professeur s'est assis à son bureau.
5. Nous nous promenons souvent dans ce parc.
6. L'infirmière s'est lavé le visage.
7. Nous avions mal au cœur en voiture.
8. Nathalie se fait souvent mal au genou.
9. Les enfants se cassent souvent la jambe aux sports d'hiver.
10. Il ne s'est pas rendu compte de son erreur.

2 Changez Change each sentence from the présent to the passé composé. Repeat the correct answer after the speaker.

modèle   Nous nous reposons après le tennis.
       Nous nous sommes reposés après le tennis.

1. François se foule la cheville.
   François s'est foulé la cheville.
2. Je me promène dans le parc.
   Je me suis promené(e) dans le parc.
3. Tu t'inquiètes beaucoup.
   Tu t'es beaucoup inquiété(e).
4. Nous nous ennuyons au cinéma.
   Nous nous sommes ennuyé(e)s au cinéma.
5. Mes amis se mettent rarement en colère.
   Mes amis se sont rarement mis en colère.
6. Vous vous dépêchez de faire vos courses.
   Vous vous êtes dépêché(e)(s) de faire vos courses.
7. Tu te maquilles bien.
   Tu t'es bien maquillée.
8. Je me trompe d'adresse.
   Je me suis trompé(e) d'adresse.

3 Répondez Answer each question you hear using the cue in your lab manual. Repeat the correct response after the speaker.

modèle   *You hear:* Est-ce que tu t'es ennuyé(e) au concert?
          You see: non
          You say: **Non, je ne me suis pas ennuyé(e) au**
                 concert.

1. Qu'est-ce que vous avez fait dimanche?
   Dimanche, nous nous sommes promené(e)s.
2. Pourquoi Marie s'est-elle énervée?
   Parce qu'elle s'est trompée d'adresse.
3. Est-ce que tu t'es rendu compte qu'il était malade?
   Non, je ne me suis pas rendu compte qu'il était malade.

4. Est-ce que vous vous êtes préparé(e)s tôt ou tard?
   Nous nous sommes préparé(e)s tôt.
5. Est-ce que tu t'es souvenu de son anniversaire?
   Bien sûr, je me suis souvenu de son anniversaire.
6. Est-ce que vous vous êtes bien entendu(e)s pendant ce voyage?
   Oui, nous nous sommes bien entendu(e)s pendant ce voyage.

4 Complétez Listen to Véronique's story and write the missing words in your lab manual.

Manon s'est énervée quand Véronique, sa fille de onze ans, n'est pas rentrée de l'école à cinq heures. Elle s'est arrêtée de lire et a regardé par la fenêtre. À cinq heures et demie, elle s'est inquiétée. Dans la rue, à six heures, Véronique se dépêchait de rentrer. Qu'est-il arrivé à Véronique? Elle est sortie de l'école avec une amie; elles se sont promenées et elles se sont arrêtées dans une boulangerie. Véronique a ensuite quitté son amie, mais elle s'est trompée de rue. Quand Véronique est finalement rentrée à la maison, Manon s'est mise en colère. Véronique s'est rendu compte que sa mère avait eu peur et elles ont rapidement arrêté de se disputer.

2B.2 The pronouns y and en

1 Choisissez Listen to each question and choose the most logical answer.

1. As-tu des allergies?
2. Faites-vous du sport tous les jours?
3. Va-t-il chez le dentiste régulièrement?
4. Prenez-vous souvent des médicaments?
5. Sont-ils allés à la pharmacie?
6. Est-ce que tu vas boire du café?
7. Vous allez en vacances?
8. Vous revenez de vacances?

2 Changez Restate each sentence you hear using the pronouns y or en. Repeat the correct answer after the speaker.

modèle   Nous sommes allés chez le dentiste.
       Nous y sommes allés.

1. Nous n'avons pas pris de médicament.
   Nous n'en avons pas pris.
2. Vous êtes entrés dans l'hôpital.
   Vous y êtes entrés.
3. Je suis allée aux urgences
   J'y suis allée.
4. L'infirmière t'a fait une piqûre.
   L'infirmière t'en a fait une.
5. Tu ne prends pas de sucre dans ton thé.
   Tu n'en prends pas dans ton thé.
6. Tes parents sont arrivés en Égypte à l'heure.
   Tes parents y sont arrivés à l'heure.
7. Jean a acheté une chemise bleue.
   Jean en a acheté une bleue.

Unité 2 Audio Program Script   **93**

Audio Program Script

3 Répondez André is at his doctor's for a check-up. Answer each question using the cues you hear. Repeat the correct answer after the speaker.

modèle   Vous habitez à Lyon? (oui)
            Oui, j'y habite.

1. Vous fumez des cigarettes? (non)
   Non, je n'en fume pas.
2. Vous avez des problèmes de santé? (non)
   Non, je n'en ai pas.
3. Vous avez des symptômes? (non)
   Non, je n'en ai pas.
4. Vous êtes allé à l'hôpital l'année dernière? (oui)
   Oui, j'y suis allé.
5. Vous avez eu un accident? (oui)
   Oui, j'en ai eu un.
6. Vous prenez des médicaments tous les jours? (non)
   Non, je n'en prends pas tous les jours.

4 Aux urgences Listen to the dialogue between the nurse, Madame Pinon and her daughter Florence, and write the missing answers in your lab manual.

INFIRMIÈRE C'est la première fois que vous venez aux urgences?
MME PINON Oui, c'est la première fois que nous y venons.
INFIRMIÈRE Vous avez un médecin?
MME PINON Oui, nous en avons un.
INFIRMIÈRE Vous avez une allergie, Mademoiselle?
FLORENCE Oui, j'en ai une.
MME PINON Vous allez lui faire une piqûre?
INFIRMIÈRE Oui, je vais lui en faire une.

Unité 3

CONTEXTES

1 Associez Circle the word or words that are logically associated with each word you hear.
1. graver
2. être en ligne
3. allumer
4. répondeur
5. fichier
6. chaîne

2 Logique ou illogique? Listen to these statements and indicate whether each one is **logique** or **illogique**.
1. Zut! Mon imprimante est éteinte.
2. Cette télécommande n'enregistre pas.
3. Ferme ce fichier et compose le magnétophone.
4. Votre portable sonne, éteignez-le.
5. Mes parents sont en ligne avec mon ordinateur.
6. J'ai effacé le numéro à composer par erreur.
7. Le magnétoscope de l'école ne marche pas.
8. Démarre l'appareil photo.

3 Décrivez For each drawing, you will hear three statements. Choose the one that corresponds to the drawing.
1. a. Le téléphone ne marche pas.
   b. Il utilise beaucoup son portable.
   c. André ne répond pas.
2. a. Son clavier et sa souris fonctionnent.
   b. Elle doit acheter un ordinateur.
   c. Son mot de passe ne marche pas.

LES SONS ET LES LETTRES

Final consonants

You already learned that final consonants are usually silent, except for the letters c, r, f, and l.

avec   hiver   chef   hôtel

You've probably noticed other exceptions to this rule. Often, such exceptions are words borrowed from other languages. These final consonants are pronounced.

forum   snob   anorak   gaz

Numbers, geographical directions, and proper names are common exceptions.

cinq   sud   Agnès   Maghreb

Some words with identical spellings are pronounced differently to distinguish between meanings or parts of speech.

fils   fil<u>s</u>
tous   tou<u>s</u>

The word **plus** can have three different pronunciations.

plus de   plus que   plus ou moins

1 Prononcez Répétez les mots suivants à voix haute.
1. cap
2. six
3. truc
4. club
5. slip
6. actif
7. strict
8. avril
9. index
10. Alfred
11. bifteck
12. bus

2 Articulez Répétez les phrases suivantes à voix haute.
1. Leur fils est gentil, mais il est très snob.
2. Au restaurant, nous avons tous pris du bifteck.
3. Le sept août, David assiste au forum sur le Maghreb.
4. Alex et Ludovic jouent au tennis dans un club de sport.
5. Prosper prend le bus pour aller à l'est de la ville.

3 Dictons Répétez les dictons à voix haute.
1. Plus on boit, plus on a soif.
2. Un pour tous, tous pour un!

4 Dictée You will hear eight sentences. Each will be read twice. Listen carefully and write what you hear.
1. Tarik et Didier font de la gym au parc.
2. Zut! Mon jean ne va pas avec mon pull et mes baskets.
3. Nous prenons l'avion pour un week-end au Brésil, en mars.
4. Achète du riz, cinq steaks et des yaourts.
5. Leur chef du marketing est aussi prof à la fac.
6. Il y a au minimum huit familles dans le camping.
7. Luc et un autre mec sont allés voir un film.
8. Son mot de passe marche pour le web et les e-mails.

STRUCTURES

3A.1 Prepositions with the infinitive

1 Identifiez Listen to each statement and mark an **X** in the column of the preposition you hear before the infinitive.

modèle   *You hear:* Yasmina n'a pas pensé à acheter des fleurs.
You mark: an **X** *under* à

1. Ils ne commencent pas à imprimer avant demain matin.
2. Les étudiants rêvent d'apprendre facilement la langue.
3. Notre page d'accueil refuse de fonctionner.
4. Le disque dur n'arrive pas à démarrer.
5. J'espère pouvoir y aller cet après-midi.
6. Arrêtez de jouer avec la télécommande!
7. Cette personne doit imprimer son document.
8. Sabrina hésite à visiter ce musée.

Audio Program Script

2 Choisissez You will hear some statements with a beep in place of the preposition. Decide which preposition should complete each sentence.

1. Ce logiciel permet (*beep*) télécharger des jeux.
2. Vous venez (*beep*) sauvegarder votre fichier.
3. Mes collègues et moi avons continué (*beep*) travailler sur le sujet.
4. Ils sont arrivés (*beep*) surfer sur Internet en deux heures.
5. Est-ce que vous évitez (*beep*) regarder cette chaîne?
6. J'ai décidé (*beep*) enregistrer mon travail sur un CD-ROM.
7. Marion et son frère ont oublié (*beep*) fermer la maison.
8. Delphine n'a pas hésité (*beep*) le prendre.

3 Questions Answer each question you hear in the affirmative, using the cue in your lab manual. Repeat the correct response after the speaker.

modèle   *You hear:* Tu as réussi?
             You see: fermer le logiciel
             You say: **Oui, j'ai réussi à fermer le logiciel.**

1. Est-ce qu'ils ont commencé?
   Oui, ils ont commencé à télécharger le document.
2. Vous avez fini?
   Oui, j'ai fini d'enregistrer./Oui, nous avons fini d'enregistrer.
3. Est-ce qu'Agathe a refusé?
   Oui, Agathe a refusé d'utiliser le caméscope.
4. Les enfants ont réussi?
   Oui, les enfants ont réussi à se connecter.
5. Est-ce que tu as oublié quelque chose?
   Oui, j'ai oublié d'éteindre le magnétoscope.
6. Il vous a aidés?
   Oui, il nous a aidés à imprimer des photos.
7. Tes amis et toi voulez continuer?
   Oui, nous voulons continuer à surfer jusqu'à 11 heures.
8. Est-ce qu'ils hésitent?
   Oui, ils hésitent à partir tout de suite.

4 Finissez You will hear incomplete sentences. Choose the correct ending for each sentence.

1. Je n'ai pas pensé...
2. Jean-Luc déteste...
3. Nous ne leur permettons pas...
4. Ils espèrent...
5. Vous n'oubliez jamais...
6. Est-ce que tu t'amuses...

3A.2 Reciprocal reflexives

1 Questions Answer each question you hear in the negative. Repeat the correct response after the speaker.

modèle   Est-ce que vous vous êtes rencontrés ici?
             Non, nous ne nous sommes pas rencontrés ici.

1. Est-ce que vos cousins et toi, vous vous parlez régulièrement?
   Non, nous ne nous parlons pas régulièrement.
2. Ils se connaissent?
   Non, ils ne se connaissent pas.
3. Vous vous aidez dans les moments difficiles?
   Non, nous ne nous aidons pas dans les moments difficiles.
4. Est-ce que nous nous disons au revoir maintenant?
   Non, nous ne nous disons pas au revoir maintenant.
5. Ils se sont souvent retrouvés au parc?
   Non, ils ne se sont pas souvent retrouvés au parc.
6. Est-ce que Nicolas et toi, vous vous donnez des idées?
   Non, nous ne nous donnons pas d'idée.

2 Conjuguez Form a new sentence using the cue you hear as the subject. Repeat the correct answer after the speaker.

modèle   Marion s'entend bien avec sa famille. (vous)
             Vous vous entendez bien avec votre famille.

1. Nous allons nous écrire souvent. (ils)
   Ils vont s'écrire souvent.
2. Sa copine et lui ne s'appellent jamais. (vous)
   Vous ne vous appelez jamais.
3. Est-ce que vous vous êtes retrouvés en ville? (elles)
   Est-ce qu'elles se sont retrouvées en ville?
4. Ils s'adorent, mais ne s'aident pas. (nous)
   Nous nous adorons, mais nous ne nous aidons pas.
5. Vous vous dites tout. (on)
   On se dit tout.
6. Monsieur Costes et ses voisins ne s'entendent pas du tout. (nos voisins)
   Nos voisins ne s'entendent pas du tout.

3 Identifiez Listen to Clara describe her relationship with her friend Anne. Listen to each sentence and write the infinitives of the verbs you hear.

Anne et moi, nous nous sommes connues en première année de collège. Nous nous sommes bien entendues tout de suite, et très vite, nous ne nous sommes plus quittées. Nous nous adorions. On se disait tout. Le soir, on se téléphonait pour discuter de notre journée. Et puis un jour, nous nous sommes disputées et nous ne nous sommes plus jamais reparlé!

4 Les rencontres Listen to each statement and write the number of the statement below the drawing it describes. There are more statements than there are drawings.

1. Ghislaine et sa cousine se téléphonent souvent.
2. Nous nous sommes retrouvés au restaurant.
3. Ils se sont quittés en colère.
4. Gaëtan et Monsieur Schiavon se sont rencontrés hier.
5. Ils ne se connaissent pas.
6. Vous vous êtes embrassés tout de suite.
7. Mélanie et Claire s'entendent mal.
8. Avec Bruno, nous nous écrivons toutes les semaines.

Leçon 3B

CONTEXTES

1 Logique ou illogique? Listen to these statements and indicate whether each one is **logique** or **illogique**.

1. Mon moteur est en panne à cause de l'amende.
2. Ce mécanicien est super quand on a besoin de faire le plein.
3. Il faut vérifier la pression des pneus de temps en temps.
4. Attachez votre ceinture quand vous vous garez.
5. Le pare-chocs ne s'est pas cassé quand ils me sont rentrés dedans.
6. Patrick a trouvé l'amende sur son pare-brise.
7. Elle a eu son permis de conduire dans son réservoir d'essence.
8. Nous avons eu un accident sur l'autoroute.

2 Les problèmes Listen to people complaining about problems with their car and decide whether they need to take their car to the garage to get repaired or not.

modèle   *You hear:* Mon embrayage est cassé.
          You mark: an **X** *under* **Visite chez le mécanicien nécessaire.**

1. Je n'ai plus d'essence.
2. Mes freins ne freinent pas bien.
3. Je viens de dépasser trois voitures sur l'autoroute.
4. Mon pare-brise est cassé et mon rétroviseur est tombé.
5. Je n'arrive pas à faire démarrer la voiture.
6. Je me suis mal garée.
7. La position du volant n'est pas confortable.
8. Ma roue de secours vient de crever.

3 Décrivez For each drawing, you will hear three brief descriptions. Indicate whether they are **vrai** or **faux** according to what you see.

1. a. La voiture est tombée en panne.
   b. La voiture est trop petite.
   c. Les freins ne marchent pas.
2. a. Le capot n'est pas fermé.
   b. Il y a beaucoup de circulation.
   c. La voiture est tombée en panne.

LES SONS ET LES LETTRES

The letter **x**

The letter **x** in French is sometimes pronounced -*ks*, like the *x* in the English word *axe*.

taxi   expliquer   mexicain   texte

Unlike English, some French words begin with a *gz*- sound.

xylophone   xénon   xénophile   Xavière

The letters e, **x**- followed by a vowel are often pronounced like the English word *eggs*.

exemple   examen   exil   exact

Sometimes an **x** is pronounced *s*, as in the following numbers.

soixante   six   dix

An **x** is pronounced *z* in a liaison. Otherwise, an **x** at the end of a word is usually silent.

deu<u>x</u> enfants   si<u>x</u> éléphants   mieu<u>x</u>   curieu<u>x</u>

1 Prononcez Répétez les mots suivants à voix haute.

1. fax
2. eux
3. dix
4. prix
5. jeux
6. index
7. excuser
8. exercice
9. orageux
10. expression
11. contexte
12. sérieux

2 Articulez Répétez les phrases suivantes à voix haute.

1. Les amoureux sont devenus époux.
2. Soixante-dix euros! La note du taxi est exorbitante!
3. Alexandre est nerveux parce qu'il a deux examens.
4. Xavier explore le vieux quartier d'Aix-en-Provence.
5. Le professeur explique l'exercice aux étudiants exceptionnels.

3 Dictons Répétez les dictons à voix haute.

1. Les beaux esprits se rencontrent.
2. Les belles plumes font les beaux oiseaux.

4 Dictée You will hear eight sentences. Each will be read twice. Listen carefully and write what you hear.

1. Deux cent dix-huit? C'est le maximum?
2. Tu veux envoyer ce fax à six heures?
3. Impossible d'explorer la ville quand le temps est orageux.
4. Il faut se relaxer après les examens.
5. Ce restaurant mexicain est mieux pour eux.
6. Ces dix exercices sont excellents, mais ils n'ont pas d'exemple.
7. Mes neveux ont exactement les mêmes yeux et les mêmes cheveux.
8. Ces deux époux sont jaloux.

Audio Program Script

STRUCTURES

3B.1 The verbs ouvrir and offrir

1 Identifiez Listen to each sentence and write the infinitive of the verb you hear.

modèle   *You hear:* J'offre rarement des fleurs à mes enfants.
    You write: **offrir**

1. Ta grand-mère découvre l'Internet.
2. Qu'est-ce que Francis et sa femme offraient à Mylène?
3. Son chien souffre beaucoup.
4. Avec quoi on la couvre?
5. Ils l'ont découvert la semaine dernière.
6. Tu veux bien ouvrir la porte, s'il te plaît?
7. Ça couvrait tout le mur.
8. Nous lui avons offert une plante.

2 Conjuguez Form a new sentence using the cue you hear as the subject. Repeat the correct answer after the speaker.

modèle   Il ouvre le magasin tous les matins. (nous)
    Nous ouvrons le magasin tous les matins.

1. Ses amis ont découvert son adresse très vite. (je)
   J'ai découvert son adresse très vite.
2. Rayan et Fanny souffrent de la même maladie. (nous)
   Nous souffrons de la même maladie.
3. On couvre la voiture en hiver? (ils)
   Ils couvrent la voiture en hiver?
4. Madame Lesur ouvre son cadeau en premier. (vous)
   Vous ouvrez votre cadeau en premier.
5. Notre propriétaire a offert de nous aider. (tes amis)
   Tes amis ont offert de nous aider.
6. J'ouvre cette bouteille de vin pour le poisson. (tu)
   Tu ouvres cette bouteille de vin pour le poisson.

3 Questions Answer each question you hear using the cue in your lab manual. Repeat the correct response after the speaker.

modèle   *You hear:* Comment tu as ouvert ce fichier?
    You see: mot de passe
    You say: **J'ai ouvert ce fichier avec un mot de passe.**

1. Qu'est-ce qu'il va t'offrir?
   Il va m'offrir un nouvel ordinateur.
2. Quand as-tu découvert qu'il y avait un problème avec la voiture?
   Je l'ai découvert il y a deux jours.
3. Est-ce que vous souffrez plus le matin ou le soir?
   Je souffre plus le soir.
4. Est-ce qu'elle ouvre souvent ce placard?
   Elle l'ouvre rarement.
5. Qu'est-ce que tu m'offres pour notre anniversaire?
   Je t'offre un voyage au Maroc.
6. De quoi est-ce que les sièges sont couverts?
   Les sièges sont couverts de cuir.

4 Décrivez For each drawing, you will hear two statements. Choose the one that corresponds to the drawing.

1. a. Ils sont bien couverts.
   b. Je les ai découverts.
2. a. J'ouvre un peu la fenêtre.
   b. Elle se couvre la tête.
3. a. Nous souffrons du froid.
   b. Ils découvrent le bonheur de partager un repas.
4. a. Elle s'offre une valise.
   b. Tu ouvres la valise.

3B.2 Le conditionnel

1 Choisissez Listen to each sentence and decide whether you hear a verb in the indicative or the conditional.

1. On a acheté un lecteur DVD.
2. Gisèle va graver un CD.
3. Je pourrais parler à Yves, s'il vous plaît?
4. Nous voudrions jouer à des jeux vidéo.
5. Tu as déjà allumé la télé?
6. Vous devriez redémarrer votre ordinateur.
7. Tu recevrais des fax chez toi.
8. Mais non, le téléphone n'a pas sonné.

2 Identifiez Listen to each sentence and write the infinitive of the conjugated verb you hear.

modèle   *You hear:* Nous pourrions prendre l'autre voiture.
    You write: **pouvoir**

1. Le mécanicien regarderait sous le capot.
2. Nous devrions passer par la station-service.
3. Il y aurait une roue de secours dans le coffre.
4. Avec une petite voiture, vous feriez le plein moins souvent.
5. Les filles iraient à l'université en voiture.
6. La voiture rouge serait en panne.

3 Complétez Form a new sentence using the cue you hear as the subject. Repeat the correct response after the speaker.

1. Tu recevrais une amende. (vous)
   Vous recevriez une amende.
2. Nicolas aurait déjà son permis de conduire. (Vincent et Jasmine)
   Vincent et Jasmine auraient déjà leur permis de conduire.
3. Je prendrais l'autoroute. (nous)
   Nous prendrions l'autoroute.
4. Vous allumeriez les phares. (tu)
   Tu allumerais les phares.
5. Fathia ferait le plein d'essence sur la route. (ils)
   Ils feraient le plein d'essence sur la route.
6. Je conduirais la voiture de M. Lefèvre. (vous)
   Vous conduiriez la voiture de M. Lefèvre.

4 Identifiez Listen to Ophélie talk about what her life would be like if she had a car. Write the missing verbs.

Je voudrais une voiture à tout prix! Si j'avais une voiture, je pourrais travailler loin de la maison. Je n'aurais pas besoin de prendre le train et le bus. Mes amis et moi irions souvent en voiture au centre-ville pour faire du shopping ou voir des films. Et on dînerait parfois ensemble au restaurant. Ce serait bien! Et puis, le week-end, on rentrerait tard à la maison. Mais avant d'acheter une voiture, je devrais avoir mon permis de conduire!

Unité 4

CONTEXTES

1 Logique ou illogique? Listen to these sentences and indicate whether each one is **logique** or **illogique**.

1. Le marchand de journaux va chercher de la monnaie à la mairie.
2. Le distributeur ne marche plus.
3. Viviane veut retirer de l'argent de son compte bancaire.
4. Vous préférez payer par chèque ou en face?
5. Elles font la queue pour acheter des timbres.
6. Je vais souvent à ce salon de beauté pour chercher mes colis.
7. Nous avons aussi un compte d'épargne.
8. La papeterie était à droite du formulaire.

2 Les courses Look at the drawing in your lab manual and listen to Rachel's description of her day. During each pause, write the name of the place she went. The first one has been done for you.

Ce matin, je suis allée à la laverie de l'avenue Mazarin pour laver mon linge. (/) J'ai aussi posté mon courrier à la boîte aux lettres devant la bijouterie. (/) Après, je suis allée retrouver Jérôme au café. (/) Nous avons fait une petite promenade au parc. (/) Ensuite, je l'ai accompagné à la fac (/) et puis j'ai pris du liquide à la banque. (/) Je suis aussi allée faire des courses: j'ai acheté une robe à Maricci qui m'allait très bien (/) et j'ai acheté des enveloppes. (/)

3 Questions Look once again at the drawing in **Activité** 2 in your lab manual and answer each question you hear with the correct information. Repeat the correct response after the speaker.

modèle   Il y a une laverie rue des Écoles?
           Non, il y a une laverie avenue Mazarin.

1. Où se trouve la Bibliothèque municipale?
   La Bibliothèque municipale se trouve entre la Faculté des sciences et la Banque Nationale.
2. Où peut-on trouver un salon de beauté?
   Il y a un salon de beauté rue des Écoles, à côté de la papeterie St Jean.
3. Est-ce qu'on peut acheter une montre rue des Écoles?
   Non, on peut acheter une montre avenue Mazarin.
4. Qu'est-ce qu'on trouve au bout de l'avenue Mazarin côté ouest?
   On trouve la laverie Express.
5. Qu'est-ce qu'il y a entre la bijouterie et Maricci?
   Il y a le Grand Café.
6. Qu'est-ce qu'il y a à l'angle sud-est de la rue des Écoles?
   Il y a la Faculté des sciences.

LES SONS ET LES LETTRES

The letter **h**

You already know that the letter **h** is silent in French, and you are familiar with many French words that begin with an **h muet**. In such words, the letter **h** is treated as if it were a vowel. For example, the articles **le** and **la** become **l'** and there is a liaison between the final consonant of a preceding word and the vowel following the **h**.

     l'heure   l'homme   des hôtels   des hommes

Some words begin with an **h aspiré**. In such words, the **h** is still silent, but it is not treated like a vowel. Words beginning with **h aspiré**, like these you've already learned, are not preceded by **l'** and there is no liaison.

     la honte   les haricots verts
     le huit mars   les hors-d'œuvre

Words that begin with an **h aspiré** are normally indicated in dictionaries by some kind of symbol, usually an asterisk.

1 Prononcez Répétez les mots suivants à voix haute.

1. le hall
2. la hi-fi
3. l'humeur
4. la honte
5. le héron
6. l'horloge
7. l'horizon
8. le hippie
9. l'hilarité
10. la Hongrie
11. l'hélicoptère
12. les hamburgers
13. les hiéroglyphes
14. les hors-d'œuvre
15. les hippopotames
16. l'hiver

2 Articulez Répétez les phrases suivantes à voix haute.

1. Hélène joue de la harpe.
2. Hier, Honorine est allée à l'hôpital.
3. Le hamster d'Hervé s'appelle Henri.
4. La Havane est la capitale de Cuba.
5. L'anniversaire d'Héloïse est le huit mars.
6. Le hockey et le handball sont mes sports préférés.

3 Dictons Répétez les dictons à voix haute.

1. La honte n'est pas d'être inférieur à l'adversaire, c'est d'être inférieur à soi-même.
2. L'heure, c'est l'heure; avant l'heure, c'est pas l'heure; après l'heure, c'est plus l'heure.

4 **Dictée** You will hear eight sentences. Each will be read twice. Listen carefully and write what you hear.

1. Les enfants ont l'habitude d'écouter une histoire le soir.
2. Hector était un grand homme, un vrai héros.
3. Ton sac à main a coûté huit cents euros.
4. Heureusement que les gens sont honnêtes!
5. J'ai fêté Halloween avec Henri, qui était de très bonne humeur!
6. Nous habitons à l'hôtel.
7. À cette heure-ci, il joue au hand-ball.
8. Hier, notre hôte nous attendait dans le hall.

STRUCTURES

4A.1 Voir, recevoir, apercevoir, and croire

1 **Choisissez** You will hear some sentences with a beep in place of the verb. Circle the form of **voir**, **recevoir**, **apercevoir**, or **croire** that correctly completes each sentence.

modèle   *You hear:* Jeanne (*beep*) Guillaume à la banque.
             You see: aperçoit   avons aperçu
             You circle: **aperçoit**

1. Christiane, est-ce que tu (*beep*) ta sœur?
2. Ma cousine et ses collègues (*beep*) notre cadeau par la poste.
3. Notre marchand de journaux ne (*beep*) pas ce magazine.
4. De la brasserie, on (*beep*) sa boutique.
5. Tu (*beep*) voir une boîte aux lettres devant la mairie, mais il n'y en a pas.
6. Les enfants (*beep*) le facteur dans la rue.

2 **Conjuguez** Form a new sentence using the cue you hear as the subject. Repeat the correct answer after the speaker.

modèle   Vous ne recevez pas cette chaîne ici.
             (Monsieur David)
             Monsieur David ne reçoit pas cette chaîne ici.

1. J'ai aperçu une boîte aux lettres. (nous)
   Nous avons aperçu une boîte aux lettres.
2. Nous apercevons la tour Eiffel de notre fenêtre. (elles)
   Elles aperçoivent la tour Eiffel de leur fenêtre.
3. Est-ce que vous avez aperçu un distributeur près d'ici? (tu)
   Est-ce que tu as aperçu un distributeur près d'ici?
4. L'homme aperçoit un agent près de sa voiture. (je)
   J'aperçois un agent près de ma voiture.
5. Je crois que le bureau de poste est ouvert aujourd'hui. (il)
   Il croit que le bureau de poste est ouvert aujourd'hui.
6. Nous voyons le salon de beauté d'ici. (vous)
   Vous voyez le salon de beauté d'ici.

3 **Questions** Answer each question you hear using the cue in your lab manual. Repeat the correct response after the speaker.

modèle   *You hear:* Où est-ce qu'il a aperçu la poste?
             You see: en face
             You say: **Il a aperçu la poste en face.**

1. Quand est-ce que tu reçois ton chèque?
   Je reçois mon chèque le 19.
2. Où est-ce qu'il reçoit ses colis?
   Il reçoit ses colis à la poste.
3. Depuis quand est-ce que Francine et toi recevez ce journal?
   Nous recevons ce journal depuis le mois de janvier.
4. Quand est-ce que tu t'en es aperçu?
   Je m'en suis aperçu la semaine dernière.
5. Tu as vu le distributeur automatique?
   J'ai vu le distributeur automatique devant la banque.
6. Samira et toi, croyez-vous pouvoir payer par carte de crédit?
   Oui, nous croyons pouvoir payer par carte de crédit.

4 **La liste** Look at Hervé's shopping list for Christmas and answer each question you hear. Repeat the correct response after the speaker.

1. Qu'est-ce qu'Aurore reçoit?
   Aurore reçoit un rendez-vous dans un salon de beauté.
2. Qui reçoit un voyage à la Martinique?
   Les grands-parents d'Hervé reçoivent un voyage à la Martinique.
3. Que reçoit le cousin François?
   Il reçoit du papier à lettres.
4. Qui reçoit un lecteur de DVD?
   Les parents d'Hervé reçoivent un lecteur de DVD.
5. Qu'est-ce qu'ils reçoivent aussi?
   Ils reçoivent aussi un caméscope.
6. Qu'est-ce que Jean-Michel reçoit?
   Il reçoit une montre.

4A.2 Negative/Affirmative expressions

1 **Identifiez** Listen to each statement and mark an **X** in the column of the negative expression you hear.

modèle   *You hear:* Je ne reçois jamais de lettre.
             You mark: an **X** *under* **ne… jamais**

1. Ce monsieur n'a vu personne.
2. Ils ne vendent plus de timbres.
3. Je ne trouve jamais de boîte aux lettres quand j'en ai besoin.
4. Personne n'est allé à la banque aujourd'hui.
5. Il n'y a que des billets de 50 euros.
6. Nous ne payons rien avec notre carte de crédit.
7. Elles ne reçoivent personne aujourd'hui.
8. Ibrahim ne veut ouvrir qu'un compte d'épargne.

2 **Transformez** Change each sentence you hear to say the opposite is true. Repeat the correct answer after the speaker.

modèle   Je vais toujours à cette agence.
             Je ne vais jamais à cette agence.

1. Il y avait quelqu'un à la mairie.
   Il n'y avait personne à la mairie.
2. La poste est toujours ouverte le samedi matin.
   La poste n'est jamais ouverte le samedi matin.

          Unité 4 Audio Program Script   **101**

3. Ma mère a acheté quelque chose pour lui.
   Ma mère n'a rien acheté pour lui.
4. Ils payent tout en liquide.
   Ils ne payent rien en liquide.
5. Vous parlez toujours avec le facteur.
   Vous ne parlez jamais avec le facteur.
6. Nous avons des timbres et des enveloppes.
   Nous n'avons ni timbres ni enveloppes.

3 Questions Answer each question you hear in the negative. Repeat the correct response after the speaker.

modèle   Vous avez reçu quelqu'un aujourd'hui?
           Non, nous n'avons reçu personne.

1. Est-ce qu'il y a quelque chose au courrier aujourd'hui?
   Non, il n'y a rien au courrier aujourd'hui.
2. Est-ce que tu as déjà visité ce bureau?
   Non, je n'ai jamais visité ce bureau.
3. Ces jeunes ont déjà eu un compte bancaire?
   Non, ces jeunes n'ont jamais eu de compte bancaire.
4. Les visiteurs ont rencontré quelqu'un à cette adresse?
   Non, les visiteurs n'ont rencontré personne à cette adresse.
5. Tu dois poster quelque chose?
   Non, je ne dois rien poster.
6. Est-ce qu'il y a quelque chose à signer?
   Non, il n'y a rien à signer.

4 Au téléphone Listen to this phone conversation between Philippe and Sophie. Then decide whether the statements in your lab manual are **vrai** or **faux**.

PHILIPPE Bonjour. Je peux parler à Monsieur Sollers, s'il vous plaît.
SOPHIE Désolée, Monsieur Sollers n'est pas là.
PHILIPPE Bon. Est-ce que je peux parler à Monsieur Frangis?
SOPHIE Ni Monsieur Sollers ni Monsieur Frangis ne sont là aujourd'hui. Est-ce que vous avez rendez-vous?
PHILIPPE Oui, j'ai rendez-vous ce matin.
SOPHIE Je ne vois aucun rendez-vous sur l'agenda et on ne reçoit jamais personne le lundi matin.
PHILIPPE Mais j'ai envoyé mon formulaire par la poste le mois dernier…
SOPHIE Je suis désolée, Monsieur, mais nous n'avons rien reçu!
PHILIPPE Alors je ne vais pouvoir parler à personne aujourd'hui?
SOPHIE Non, personne. Mais on peut organiser un rendez-vous pour demain si vous voulez. Comment vous appelez-vous?

Leçon 4B

CONTEXTES

1 Orientez-vous Listen to each pair of places and describe their location in relation to each other using the cue in your lab manual. Repeat the correct answer after the speaker.

modèle   *You hear:* Paris, New York
           You see: est
           You say: **Paris est à l'est de New York.**

1. Canada, États-Unis
   Le Canada est au nord des États-Unis.
2. Hong Kong, Europe
   Hong Kong est à l'est de l'Europe.
3. océan Atlantique, mer Méditerranée
   L'océan Atlantique est près de la mer Méditerranée.
4. Miami, Boston
   Miami est loin de Boston.
5. Amérique, Afrique
   L'Amérique est à l'ouest de l'Afrique.
6. Maroc, Angleterre
   Le Maroc est au sud de l'Angleterre.

2 Décrivez Look at the drawing and listen to each statement. Indicate whether each statement is **vrai** or **faux**.
1. Les deux jeunes sont des touristes.
2. Ils habitent tout près d'ici.
3. Ils essaient de s'orienter.
4. Ils sont sur un grand boulevard.
5. Ils sont au coin d'un grand bâtiment.
6. Ils sont dans un office du tourisme.

3 Complétez Listen to Laurent describe where he lives and write the missing words in your lab manual.

Voici les indications pour venir chez moi. À la sortie de l'aéroport, suivez le boulevard jusqu'au centre-ville. Quand vous arrivez à la fontaine, tournez à droite. Prenez le pont pour traverser. Tournez ensuite dans la première rue à droite et continuez tout droit jusqu'au bout de la rue. J'habite un grand bâtiment à l'angle de cette rue et de l'avenue Saint-Michel.

LES SONS ET LES LETTRES

Les majuscules et les minuscules

1 Décidez Listen to these sentences and decide whether the words below should be capitalized.
1. Nous avons rencontré une Canadienne dans un café.
2. Vous partez en vacances en avril?
3. Elles apprennent le japonais avant de partir pour Tokyo.
4. Les villes québécoises sont très sympas l'été.
5. Pour aller de New York à Paris, il faut traverser l'océan Atlantique.
6. Je réserve une chambre dans un bel hôtel à Montréal.
7. J'ai cours d'économie le lundi, le mercredi et le vendredi.
8. Tu vas me préparer un plat marocain?

2 Écoutez You will hear a paragraph containing the words in the list. Check the appropriate column to indicate whether they should be capitalized.

Lundi dernier, j'étais à Marseille pour rendre visite à des amis. Je cherchais le bureau de poste de l'avenue Charles de Gaulle, mais je n'arrivais pas à le trouver. J'étais perdu. Alors j'ai arrêté un jeune homme dans la rue. Il avait l'air de connaître son chemin. Je lui ai demandé les indications pour le bureau de poste. Il m'a répondu en français, mais j'ai reconnu, par son accent, que c'était un Suisse. C'était le facteur du quartier!

3 Dictée You will hear eight sentences. Each will be read twice. Listen carefully and write what you hear.
1. On est le jeudi 2 octobre.
2. Est-ce que je dois le faire tout de suite?
3. Les Français parlent mal anglais.
4. Mon mari est allemand, mais nous habitons en France.
5. La tour Eiffel est à l'est de la cathédrale Notre-Dame de Paris.
6. Le président des États-Unis doit être de nationalité américaine.
7. L'église Saint-Pierre se trouve sur le boulevard Zola.
8. «Un peu plus loin sur la gauche» est le dernier livre de Paul Delaporte.

STRUCTURES

4B.1 Le futur simple

1 Identifiez Listen to each sentence and write the infinitive of the verb you hear.

modèle   *You hear:* Ils se déplaceront pour le 14 juillet.
           You write: **se déplacer**

1. Vous nous suivrez en voiture.
2. Laurence continuera son exercice.
3. Ils achèteront un plan de la ville.
4. On traversera la rue ensemble.
5. Tu te perdras sans moi.
6. Mes amis et moi resterons au bout de la rue.
7. Ces touristes ne partiront que demain.
8. Je m'habillerai pour sortir.

2 Transformez Change each sentence from the present to the future. Repeat the correct answer after the speaker.

modèle   Bertrand travaille près d'ici.
           Bertrand travaillera près d'ici.

1. Je m'appelle Noëlle Ribe.
   Je m'appellerai Noëlle Ribe.
2. Vous finissez bientôt?
   Vous finirez bientôt?
3. La mairie n'utilise pas ce bâtiment.
   La mairie n'utilisera pas ce bâtiment.
4. Vous continuez jusqu'à l'angle de la rue.
   Vous continuerez jusqu'à l'angle de la rue.
5. On se déplace en taxi.
   On se déplacera en taxi.

6. Nous trouvons l'office du tourisme au coin.
   Nous trouverons l'office du tourisme au coin.
7. Malik perd son chemin en ville.
   Malik perdra son chemin en ville.
8. Ils travaillent pour lui.
   Ils travailleront pour lui.

3 Questions Answer each question you hear using the cue in your lab manual. Repeat the correct response after the speaker.

modèle   *You hear:* Quand est-ce que tu retrouveras ta cousine?
           You see: jeudi
           You say: **Je retrouverai ma cousine jeudi.**

1. Quand est-ce que le parc ouvrira?
   Le parc ouvrira à 8 heures et demie.
2. Qui payera l'addition?
   Nous payerons l'addition.
3. Où se trouvera la cabine téléphonique?
   La cabine téléphonique se trouvera sur la droite.
4. Qui nettoiera la statue?
   Jean-Pierre et son équipe nettoieront la statue.
5. Comment partiras-tu en juillet?
   Je partirai en train.
6. Où est-ce qu'ils nous attendront?
   Ils nous attendront au carrefour.

4 Le futur Look at the timeline, which shows future events in Christian's life, and answer each question you hear. Then, repeat the correct response after the speaker.
1. Qu'est-ce que Christian visitera en 2014?
   Il visitera l'Italie.
2. Qu'arrivera-t-il en 2015?
   Christian finira ses études.
3. Quand est-ce que Christian épousera Sylvie?
   Christian épousera Sylvie en 2016.
4. Où est-ce qu'ils construiront une maison en 2017?
   Ils construiront une maison à la campagne.
5. Qu'arrivera-t-il en 2020?
   Christian écrira un livre sur l'Espagne.
6. Quand est-ce que Christian prendra sa retraite?
   Il prendra sa retraite en 2040.

4B.2 Irregular future forms

1 Identifiez Listen to each statement and mark an **X** in the column of the verb you hear.

modèle   *You hear:* Nous ne serons pas au parc cet après-midi.
           You mark: an **X** *under* **être**

1. On ira en ville demain matin.
2. Vous serez au bout de la rue dans deux minutes.
3. Je saurai trouver le chemin.
4. Qu'est-ce qu'ils feront à cette heure-ci?
5. Nous ferons des courses après le travail.

6. Tu sauras te déplacer?

7. Monsieur Rovier n'ira pas tout droit.

8. Elle aura un plan avec elle.

2 Choisissez Listen to each question and choose the most logical response.

1. Vous viendrez dimanche?

2. Ils apercevront la fontaine du parc?

3. Est-ce que nous devrons continuer après la poste?

4. Tu voudras bien me montrer?

5. Monsieur Genest recevra-t-il les indications à temps?

6. Elle ne sera pas perdue à Paris, n'est-ce pas?

7. Est-ce que Mathias pourra poster sa carte?

8. Qu'est-ce que je ferai là-bas?

3 Décrivez For each drawing, you will hear two statements. Choose the one that corresponds to the drawing.

1. a. Il sera en retard pour le rendez-vous.

   b. Il ne devra pas partir tôt.

2. a. Elle ira dans le parc.

   b. Elle pourra mettre sa robe favorite.

3. a. Elle recevra des cadeaux.

   b. Elle aura vingt et un ans.

4. a. Ils ne feront pas la vaisselle.

   b. Ils voudront manger dans dix minutes.

5. a. Ils ne voudront pas prendre le bus.

   b. Ils apercevront bientôt le bus.

6. a. Il aura encore froid.

   b. Il n'aura plus soif.

4 En ville Listen to Brigitte and Zoé talk about their plans for tomorrow. Then, read the statements in your lab manual and decide whether they are **vrai** or **faux**.

BRIGITTE Qu'est-ce que tu feras demain, en ville?

ZOÉ Je ferai des courses le matin et j'irai au cinéma l'après-midi.

BRIGITTE On mangera ensemble à midi?

ZOÉ Pourquoi pas! On ira au restaurant au bout de la rue.

BRIGITTE Je t'attendrai là-bas à midi?

ZOÉ Non, je viendrai te chercher à ton travail; tu pourras me montrer tes photos.

BRIGITTE Ah non, je ne les aurai pas encore, mais tu verras mon bureau!

ZOÉ Oui, ça sera sympa. À demain, alors!

BRIGITTE Oui, à demain!

Unité 5

CONTEXTES

1 Identifiez You will hear a series of words. Write the word that does not belong in each series.
1. trouver un travail, postuler, passer un entretien
2. C.V., lettre de motivation, spécialiste
3. décrocher, prendre un rendez-vous, raccrocher
4. compagnie, entreprise, référence
5. combiné, formation, stage
6. chef du personnel, candidat, patronne
7. embaucher, chercher du travail, lire les annonces
8. ne quittez pas, laissez un message, patientez

2 Logique ou illogique? Listen to these statements and indicate whether they are **logique** or **illogique**.
1. Allô, qui est à l'appareil?
2. Ce candidat a postulé la semaine dernière.
3. Igor a raccroché, laissé un message et décroché.
4. Cette compagnie a envoyé son curriculum vitæ à la patronne.
5. Le salaire est modeste, mais l'expérience est utile.
6. Quand on a un poste, on cherche un travail.
7. J'ai reçu une mention pour ma lettre de recommandation.
8. L'entreprise n'a pas encore de chef du personnel.

3 Les annonces Look at the ads and listen to each statement. Then decide if the statement is **vrai** or **faux**.
1. Une petite entreprise veut embaucher des spécialistes «beauté-forme».
2. Il faut écrire une lettre de recommandation.
3. On peut postuler sur la messagerie.
4. La compagnie postule pour des vendeurs de boissons aux fruits dans toute la France.
5. Une des conditions pour obtenir ce poste est de ne pas avoir de formation.
6. Les candidats doivent aller sur le site Internet de l'entreprise.

LES SONS ET LES LETTRES

La ponctuation française

1 La ponctuation Repeat the names of these punctuation marks in French.
1. un point
2. une virgule
3. un trait d'union
4. un point d'interrogation
5. un point d'exclamation
6. deux points
7. un point-virgule
8. des points de suspension
9. des guillemets
10. une apostrophe

2 À vous de ponctuer! Listen to the following sentences and insert the punctuation marks you hear.
1. Voici ce que je dois acheter au marché: (deux points) des carottes, (virgule) des tomates et du fromage. (point)
2. Tu n'as pas encore commencé tes devoirs? (point d'interrogation) Tu vas peut-être les faire cette nuit! (point d'exclamation)
3. Monsieur Grosjean... (points de suspension) euh... (points de suspension) m'avez- (trait d'union) vous téléphoné? (point d'interrogation)
4. Ma sœur a répondu: (deux points) «(guillemet) Je t'attends depuis deux heures et quart! (point d'exclamation)» (guillemet)
5. Vous pouvez entrer, (virgule) Madame. (point)
6. Nous n'avons pas pu sortir hier soir; (point-virgule) il pleuvait trop fort. (point)

3 Dictée You will hear eight sentences. Each will be said twice. Listen carefully and write what you hear. Use abbreviations when you can.
1. J'ai rencontré M. et Mme Bernard et leurs enfants hier.
2. M. Petit sera là dans trente minutes et il pourra vous recevoir.
3. On est le douze décembre deux mille un.
4. L'homme a répondu: «Personne n'est entré par cette porte.»
5. Mlle Simon finira tôt le mardi, mercredi et jeudi.
6. Le livre que je lis en ce moment, c'est: «Une saison à la mer.»
7. Il travaille pour Pierre et Fils depuis le 4 février.
8. Nous avons garé la voiture à deux cents mètres, devant le garage de Mme Latour.

STRUCTURES

5A.1 Le futur simple with quand and dès que

1 Conjuguez Change each sentence from the present to the future. Repeat the correct response after the speaker.

modèle   Nous travaillons quand nous sommes prêts.
          Nous travaillerons quand nous serons prêts.

1. Dès que le patron arrive, vous pouvez lui parler.
   Dès que le patron arrivera, vous pourrez lui parler.
2. J'obtiens ce poste dès qu'il est libre.
   J'obtiendrai ce poste dès qu'il sera libre.
3. Quand tu passes ton entretien, pose des questions à propos du salaire.
   Quand tu passeras ton entretien, tu poseras des questions à propos du salaire.
4. La messagerie ne décroche pas quand on appelle.
   La messagerie ne décrochera pas quand on appellera.
5. Monsieur Chevallier donne une lettre de recommandation quand Jean-François postule à Télécom.

Monsieur Chevallier donnera une lettre de recommandation quand Jean-François postulera à Télécom.

6. Nous envoyons un CV par la poste quand nous n'avons pas le numéro de téléphone du chef du personnel.

Nous enverrons un CV par la poste quand nous n'aurons pas le numéro de téléphone du chef du personnel.

2 Transformez You will hear two sentences. Form a new sentence using **quand**. Repeat the correct response after the speaker.

modèle   Notre assistante vous dira. (La réunion peut avoir lieu.)
          Notre assistante vous dira quand la réunion pourra avoir lieu.

1. Vous m'écrirez une lettre de recommandation. (Vous trouvez le temps.)
   Vous m'écrirez une lettre de recommandation quand vous trouverez le temps.
2. Mademoiselle Guidelet lui passera le combiné. (Il entre dans le bureau.)
   Mademoiselle Guidelet lui passera le combiné quand il entrera dans le bureau.
3. Est-ce que vous allez nous appeler? (Le travail est fini.)
   Est-ce que vous nous appellerez quand le travail sera fini?
4. On pourra partir. (Elle nous le dit.)
   On pourra partir quand elle nous le dira.
5. Nous ne passerons pas d'entretien. (Nous postulons.)
   Nous ne passerons pas d'entretien quand nous postulerons.
6. Ces candidats auront leur curriculum vitæ. (Vous les voyez.)
   Ces candidats auront leur curriculum vitæ quand vous les verrez.

3 Finissez You will hear incomplete statements. Choose the correct ending for each statement.
1. Brahim viendra lui rendre visite…
2. Son salaire sera plus élevé…
3. Dès que nous embaucherons…
4. Je travaillerai dans un nouveau domaine…
5. On enverra notre lettre de motivation…
6. Monsieur Hitachi décrochera…

4 Questions Answer each question you hear using **dès que** and the cue in your lab manual. Repeat the correct response after the speaker.

modèle   *You hear:* Quand est-ce que tu commenceras?
          You see: l'entreprise m'appelle
          You say: Je commencerai dès que l'entreprise m'appellera.

1. Quand est-ce que tu auras des références?
   J'aurai des références dès que le stage commencera.

2. Quand est-ce que cette candidate rencontrera le chef du personnel?
   Cette candidate rencontrera le chef du personnel dès qu'il sera libre.
3. Quand est-ce que nous pourrons prendre un rendez-vous?
   Nous pourrons prendre un rendez-vous dès que quelqu'un décrochera.
4. Quand est-ce qu'on commencera à recevoir des curriculums?
   On commencera à recevoir des curriculums dès que l'annonce sera dans le journal.
5. Quand est-ce que cette compagnie embauchera?
   Cette compagnie embauchera dès qu'elle le pourra.
6. Quand est-ce que ces employés pourront parler au patron?
   Ces employés pourront parler au patron dès qu'il sortira de son rendez-vous.

5A.2 The interrogative pronoun **lequel**
1 Identifiez Listen to each statement and mark an **X** in the column of the form of **lequel** you hear.

modèle   *You hear:* Desquels parlez-vous?
          *You mark: an **X** under **desquels***

1. Je connais le projet sur lequel elle travaille.
2. Auquel s'intéressent-ils?
3. Il a choisi le métier pour lequel il était fait.
4. Desquels avez-vous discutés hier?
5. Vous passerez un entretien dans lequel?
6. Ce sont les stages pour lesquels nous avons des candidats.
7. Duquel voulez-vous?
8. Nous parlons de la formation pour laquelle il faut beaucoup d'expérience.

2 Transformez Change each question to use a form of **lequel**. Repeat the correct question after the speaker.

modèle   Quel est ton candidat préféré?
          Lequel est ton préféré?

1. Pour quel patron préfèrent-ils travailler?
   Pour lequel préfèrent-ils travailler?
2. Quelle entreprise a organisé ce stage?
   Laquelle a organisé ce stage?
3. De quels postes Sébastien et Pascal nous ont-ils parlé?
   Desquels Sébastien et Pascal nous ont-ils parlé?
4. À quelle candidate pensez-vous?
   À laquelle pensez-vous?
5. De quelle expérience aurai-je besoin?
   De laquelle aurai-je besoin?
6. À quel numéro peut-on trouver le chef du personnel?
   Auquel peut-on trouver le chef du personnel?

3 Choisissez Listen to each question and choose the most logical response.
1. Lesquelles a-t-il envoyées?
2. Auquel êtes-vous allé?
3. Desquels parle-t-elle?
4. Auquel est-ce que tu penses?
5. Avec lequel est-ce que tu veux appeler?
6. Laquelle les a embauchés?
7. Savez-vous à laquelle on peut assister?
8. À laquelle allez-vous répondre?

4 Complétez You will hear questions with a beep in place of the interrogative pronoun. Decide which form of **lequel** should complete each sentence. Repeat the correct question after the speaker.

modèle   Mon employé? *(beep)* penses-tu?
         Mon employé? Auquel penses-tu?

1. Le meilleur candidat? *(beep)* penses-tu?
   Le meilleur candidat? Auquel penses-tu?
2. Entre ces deux curriculums, *(beep)* est le plus intéressant?
   Entre ces deux curriculums, lequel est le plus intéressant?
3. Je vais à la seconde formation. Et toi, *(beep)* est-ce que tu vas?
   Je vais à la seconde formation. Et toi, à laquelle est-ce que tu vas?
4. Il a travaillé avec beaucoup de compagnies. Et elle, *(beep)* est-ce qu'elle a déjà travaillé?
   Il a travaillé avec beaucoup de compagnies. Et elle, avec lesquelles est-ce qu'elle a déjà travaillé?
5. Vous parliez des candidats, mais *(beep)* en particulier?
   Vous parliez des candidats, mais duquel en particulier?
6. Il vient de postuler pour le poste d'architecte. Et vous, *(beep)* voulez-vous postuler?
   Il vient de postuler pour le poste d'architecte. Et vous, pour lequel voulez-vous postuler?

Leçon 5B

CONTEXTES

1 Identifiez Listen to each description and then complete the sentence by identifying the person's occupation.

modèle   *You hear:* Madame Cance travaille à la banque.
         You write: **banquière**

1. Julien étudie à la fac de lettres.
2. Monsieur Ramzi s'occupe des animaux et de leur santé.
3. Marcel Maripan conduit des camions.
4. Madame Pérouti s'occupe de ses enfants et de la maison.

5. Monsieur Lemaire répare les éviers et les baignoires.
6. Monsieur Lemarchand fait de la politique.
7. Céline loue et vend des maisons et des appartements.
8. Madame Virane fait de la recherche scientifique.

2 Choisissez Listen to each question and choose the most logical answer.
1. Monsieur Lefrançois est électricien, n'est-ce pas?
2. Quand est-ce que nous avons une réunion avec le syndicat?
3. Est-ce que tu as eu une promotion?
4. Ces employés gagnent-ils assez?
5. Est-ce qu'elle va démissionner?
6. Comment est-ce que Madame Réza a trouvé cet emploi à temps plein?

3 Les professions Listen to each statement and write the number of the statement below the photo it describes. There are more statements than there are photos.
1. Ils ont choisi une profession très exigeante.
2. Ces chercheurs travaillent ensemble sur un gros projet.
3. Cette femme cadre est très occupée.
4. Monsieur Bédia est comptable.
5. Elle n'est pas femme au foyer.
6. Être pompier apporte beaucoup de satisfaction.

LES SONS ET LES LETTRES

Les néologismes et le franglais

The use of words or neologisms of English origin in the French language is called **franglais**. These words often look identical to the English words, but they are pronounced like French words. Most of these words are masculine, and many end in **-ing**. Some of these words have long been accepted and used in French.

le sweat-shirt   le week-end   le shopping   le parking

Some words for foods and sports are very common, as are expressions in popular culture, business, and advertising.

un milk-shake   le base-ball
le top-modèle   le marketing

Many **franglais** words are recently coined terms, **néologismes**. These are common in contemporary fields, such as entertainment and technology. Some of these words do have French equivalents, but the **franglais** terms are used more often.

un e-mail = un courriel   le chat = la causette
une star = une vedette

Some **franglais** words do not exist in English at all, or they are used differently.

un brushing   un relooking   le zapping

1 Prononcez Répétez les mots suivants à voix haute.

1. flirter
2. un fax
3. cliquer
4. le look
5. un clown
6. le planning
7. un scanneur
8. un CD-ROM
9. le volley-ball
10. le shampooing
11. une speakerine
12. le chewing-gum

2 Articulez Répétez les phrases suivantes à voix haute.

1. Le cowboy porte un jean et un tee-shirt.
2. Julien joue au base-ball et il fait du footing.
3. J'ai envie d'un nouveau look, je vais faire du shopping.
4. Au snack-bar, je commande un hamburger, des chips et un milk-shake.
5. Tout ce qu'il veut faire, c'est rester devant la télé dans le living et zapper!

3 Dictons Répétez les dictons à voix haute.

1. Ce n'est pas la star qui fait l'audience, mais l'audience qui fait la star.
2. Un gentleman est un monsieur qui se sert d'une pince à sucre, même lorsqu'il est seul.

4 Dictée You will hear eight sentences. Each will be said twice. Listen carefully and write what you hear.

1. Il est le leader de notre équipe de managers en marketing.
2. Faites-moi un briefing sur le brainstorming de cet après-midi.
3. Le chat en ligne est un challenge pour mes grands-parents.
4. Tu as pensé à prendre des corn-flakes et des chips?
5. Il travaille dans le design et le e-commerce.
6. Nous préférons la house au new age.
7. On va au fast-food ou on reste à la maison pour faire du zapping?
8. Je dois choisir entre un peeling et un lifting.

STRUCTURES

5B.1 Si clauses

1 Finissez You will hear incomplete statements. Choose the correct ending for each statement.

1. Monsieur Sanchez travaillerait ici...
2. Le chef du personnel s'énerverait...
3. S'ils étaient retraités, ...
4. Si ma compagnie embauchait, ...
5. Ma sœur préférerait avoir un emploi à mi-temps...
6. Si Madame Durand était la patronne, ...

2 Modifiez Change each sentence you hear to form a si clause with the **imparfait**. Repeat the correct response after the speaker.

modèle   On va au bureau ensemble?
           Si on allait au bureau ensemble?

1. Ah! Que j'aimerais être riche!
   Ah! Si j'étais riche!
2. Nous regardons les curriculums maintenant?
   Si nous regardions les curriculums maintenant?
3. J'aimerais pouvoir choisir une profession intéressante.
   Si je pouvais choisir une profession intéressante!
4. Vous commencez à travailler sur ce projet?
   Si vous commenciez à travailler sur ce projet?
5. L'assurance-vie les intéresse peut-être?
   Si l'assurance vie les intéressait?
6. On va parler au patron?
   Si on allait parler au patron?

3 Questions Answer each question you hear using the cue in your lab manual. Repeat the correct response after the speaker.

modèle   *You hear:* Qu'est-ce que tu feras s'il fait beau demain?
           You see: marcher jusqu'au bureau
           You say: **S'il fait beau demain, je marcherai jusqu'au bureau.**

1. Qu'est-ce qu'on fera si tu finis tôt aujourd'hui?
   Si je finis tôt aujourd'hui, on ira au cinéma.
2. Qu'est-ce que le patron ferait si ce projet réussissait?
   Si ce projet réussissait, le patron nous donnerait une augmentation.
3. Qu'est-ce que Monsieur Vitelo ferait s'il dirigeait cette équipe?
   Si Monsieur Vitelo dirigeait cette équipe, il organiserait une réunion.
4. Que ferions-nous si le chef du personnel démissionnait?
   Si le chef du personnel démissionnait, nous ferions la fête.
5. Qu'est-ce que tu feras si tu obtiens une augmentation?
   Si j'obtiens une augmentation, je partirai en vacances.
6. Qu'est-ce que tes parents feraient s'ils n'étaient pas retraités?
   Si mes parents n'étaient pas retraités, ils continueraient à travailler pour leur entreprise.

4 Transformez Change each sentence to a speculation or hypothesis. Repeat the correct response after the speaker.

modèle   Si nous embauchons quelqu'un, nous devrons en parler au chef du personnel.
           Si nous embauchions quelqu'un, nous devrions en parler au chef du personnel.

1. Si Monsieur Michelet veut prendre rendez-vous, il doit le faire rapidement.
   Si Monsieur Michelet voulait prendre rendez-vous, il devrait le faire rapidement.

2. Tu seras plus heureux si tu trouves une nouvelle
   carrière.

   Tu serais plus heureux, si tu trouvais une
   nouvelle carrière.

3. Si nous organisons une réunion, il faudra inviter les
   syndicats.

   Si nous organisions une réunion, il faudrait inviter les
   syndicats.

4. Si c'est un emploi à plein temps, je serai candidat.
   Si c'était un emploi à plein temps, je serais candidat.

5. Si vous le méritez, vous recevrez une promotion.
   Si vous le méritiez, vous recevriez une promotion.

6. Si l'électricien vient, il pourra tout réparer.
   Si l'électricien venait, il pourrait tout réparer.

5B.2 Relative pronouns qui, que, dont, où

1 Identifiez Listen to each statement and mark an **X** in
the column of the relative pronoun you hear.

modèle   *You hear:* Vous n'aurez pas l'augmentation
                    dont vous rêvez.
          You mark: an **X** *under* **dont**

1. Le gérant a reçu la lettre de recommandation que
   j'ai écrite.

2. La salle où nous avons la réunion chaque semaine est
   fermée aujourd'hui.

3. L'entreprise dont je vous ai parlé s'appelle Viveco.

4. Un chef d'entreprise qui ne connaît pas du tout ses
   employés n'est pas un bon chef.

5. Tu penses qu'ils ont entendu le message que j'ai laissé la
   semaine dernière?

6. On n'a pas embauché le candidat qui est venu en jeans
   pour passer l'entretien.

7. La ville où je vis n'offre pas beaucoup d'opportunités
   d'emplois.

8. Un domaine qui offre beaucoup d'opportunités en ce
   moment est celui de l'informatique.

2 Finissez You will hear incomplete sentences. Choose
the correct ending for each one.

1. C'est une personne que…
2. Tu connais la personne dont…
3. J'ai un travail qui…
4. Les jours où…
5. Une profession dont…
6. Notre vétérinaire est une personne qui…

3 Complétez Listen to Annette talk about her job search
and write the missing relative pronouns in your lab manual.

Le métier que j'ai choisi, c'est celui de psychologue pour
animaux. Eh bien, je ne trouvais pas de patients qui
pouvaient être réguliers, alors, j'ai décidé de chercher
du travail temporaire. L'endroit où je voulais travailler
était une clinique vétérinaire. La formation que j'ai
faite à l'université peut me servir dans une clinique. J'ai
donc téléphoné à une clinique où j'emmène d'habitude
mon chat pour des visites vétérinaires. J'ai parlé avec
le docteur qui était très gentil et on a pris rendez-vous
pour un entretien. On y a parlé de ma formation et de
mes expériences professionnelles. Ce dont on a parlé lui
a beaucoup plu et il m'a embauchée sur place, comme
assistante. Maintenant, je peux exercer ma profession de
temps en temps quand il y a un animal qui est stressé.

4 Transformez You will hear two sentences. Form a new
sentence using a relative pronoun. Repeat the correct
answer after the speaker.

modèle   Je cherche un travail. Ce travail offre une
          assurance-maladie.
          **Je cherche un travail qui offre une
          assurance-maladie.**

1. Voici l'endroit. Le chauffeur de taxi est venu ici
   lundi matin.

   Voici l'endroit où le chauffeur de taxi est venu
   lundi matin.

2. Le patron m'a promis une augmention. Je rêve de cette
   augmentation depuis quelques temps.

   Le patron m'a promis l'augmentation dont je rêve
   depuis quelques temps.

3. Je vais imprimer la lettre de motivation. J'ai écrit la
   lettre de motivation la semaine dernière.

   Je vais imprimer la lettre de motivation que j'ai écrite la
   semaine dernière.

4. La gérante a écrit une lettre de recommandation. Cette
   lettre va aider le candidat.

   La gérante a écrit une lettre de recommandation qui va
   aider le candidat.

5. Samir a acheté un nouveau portable. On avait besoin de
   ce portable.

   Samir a acheté le nouveau portable dont on avait besoin.

6. J'admire beaucoup ce chef d'entreprise. Il connaît tous
   ses employés.

   J'admire beaucoup ce chef d'entreprise qui connaît tous
   ses employés.

Unité 5 Audio Program Script   **109**

Unité 6

CONTEXTES

1 Identifiez You will hear a series of words. Write the word that does not belong in each series.
1. gaspiller, préserver, sauver
2. trou dans la couche d'ozone, pollution, ramassage des ordures
3. covoiturage, effet de serre, vélo
4. catastrophe, solution, glissement de terrain
5. plein air, usine, centrale nucléaire
6. nuage de pollution, pluie acide, loi
7. énergie solaire, déchets toxiques, ordures
8. protection, danger, écologie

2 Choisissez Listen to each question and choose the most logical response.
1. Est-ce que les voitures polluent beaucoup?
2. Le recyclage, c'est pour quoi faire?
3. Pourquoi est-ce que la qualité de l'eau est importante?
4. Qu'est-ce qui a créé ce nuage nucléaire?
5. Quand est-ce qu'il y a le ramassage des ordures ici?
6. Vous connaissez le problème des glissements de terrain?

3 Décrivez Look at the picture in your lab manual. Listen to these statements and decide whether each statement is **vrai** or **faux**.
1. On ne peut pas recycler les boîtes de conserve.
2. Une femme blonde recycle une bouteille en plastique.
3. Le recyclage du papier se fait ici aussi.
4. Ils font le ramassage des ordures.
5. On peut recycler les bouteilles en verre.
6. Le jeune homme pollue.

LES SONS ET LES LETTRES

French and English spelling

You have seen that many French words only differ slightly from their English counterparts. Many differ in predictable ways. English words that end in -*y* often end in -**ie** in French.

> biolog**ie**   psycholog**ie**   énerg**ie**   écolog**ie**

English words that end in -*ity* often end in -**ité** in French.

> qual**ité**   univers**ité**   c**ité**   national**ité**

French equivalents of English words that end in -*ist* often end in -**iste**.

> art**iste**   optim**iste**   pessim**iste**   dent**iste**

French equivalents of English words that end in -*or* and -*er* often end in -**eur**. This tendency is especially common for words that refer to people.

> doct**eur**   act**eur**   employ**eur**   agricult**eur**

Other English words that end in -*er* end in -**re** in French.

> cent**re**   memb**re**   lit**re**   théât**re**

Other French words vary in ways that are less predictable, but they are still easy to recognize.

> problème   orchestre   carotte   calculatrice

1 Prononcez Répétez les mots suivants à voix haute.
1. tigre
2. bleu
3. lettre
4. salade
5. poème
6. banane
7. tourisme
8. moniteur
9. pharmacie
10. écologiste
11. conducteur
12. anthropologie

2 Articulez Répétez les phrases suivantes à voix haute.
1. Ma cousine est vétérinaire.
2. Le moteur ne fonctionne pas.
3. À la banque, Carole paie par chèque.
4. Mon oncle écrit l'adresse sur l'enveloppe.
5. À la station-service, le mécanicien a réparé le moteur.

3 Dictons Répétez les dictons à voix haute.
1. On reconnaît l'arbre à son fruit.
2. On ne fait pas d'omelette sans casser des œufs.

4 Dictée You will hear eight sentences. Each will be said twice. Listen carefully and write what you hear.
1. La biologie est une science importante.
2. Cette histoire ressemble à mon histoire.
3. Un grand nombre de visiteurs est arrivé en décembre.
4. Mon oncle est architecte et ma tante, journaliste.
5. Le titre de sa thèse est complètement différent.
6. Ce restaurant offre un excellent bœuf aux oignons et aux tomates.
7. Cette table et ces chaises sont de qualité.
8. Madame déteste le pessimisme en général.

STRUCTURES

6A.1 Demonstrative pronouns

1 En vacances Listen to each statement and write its number below the drawing it describes. There are more statements than there are drawings.
1. Celui-ci aime se reposer dans un hamac.
2. Celles-ci adorent bronzer sur la plage.
3. Ceux-ci jouent aux cartes.
4. Ceux-ci dorment sur la plage.
5. Celle-ci écoute de la musique.
6. Ceux-ci écrivent des cartes.
7. Celle-ci écrit à ses amis.
8. Celui-ci écoute ses CD.

2 Transformez Change each statement to use a demonstrative pronoun. Repeat the correct response after the speaker.

modèle   La pollution de l'eau est aussi grave que la pollution des villes.
        La pollution de l'eau est aussi grave que celle des villes.

1. Ce problème a la même solution que le problème de l'effet de serre.

    Ce problème a la même solution que celui de l'effet de serre.

2. Les glissements de terrain ici sont comme les glissements de terrain à l'étranger.

    Les glissements de terrain ici sont comme ceux à l'étranger.

3. Nous préférons l'énergie créée par le soleil à l'énergie créée par une centrale nucléaire.

    Nous préférons l'énergie créée par le soleil à celle créée par une centrale nucléaire.

4. Je recycle les bouteilles en verre, mais pas les bouteilles en plastique.

    Je recycle les bouteilles en verre, mais pas celles en plastique.

5. Les petites voitures polluent déjà beaucoup, mais ces voitures-ci polluent encore plus.

    Les petites voitures polluent déjà beaucoup, mais celles-ci polluent encore plus.

6. Son message est entre le message des hommes politiques et le message des écologistes.

    Son message est entre celui des hommes politiques et celui des écologistes.

3 Logique ou illogique? Listen to these statements and indicate whether they are **logique** or **illogique**.

1. J'aime bien celle-ci, mais pas celle-là.
2. Monsieur Faderouc ne s'intéresse pas au problème du réchauffement de la planète, mais à celui de la surpopulation.
3. Si tu veux, tu peux essayer cette robe, mais pas ceux-là.
4. Le gouvernement propose des lois contre la pollution des usines, mais pas contre celle des voitures.
5. De toutes les montagnes, celle-ci est ma préférée.
6. Quel danger? Celle du nucléaire?
7. Lequel vont-ils prendre? Ceux de gauche ou ceux de droite?
8. Ceux-ci sont les plus graves de tous les problèmes.

4 Questions Answer each question you hear using the cue in your lab manual and the appropriate demonstrative pronoun. Repeat the correct response after the speaker.

modèle   *You hear:* Quel emballage est-ce que nous devons utiliser?
        You see: l'emballage qui ferme le mieux.
        You say: **Celui qui ferme le mieux.**

1. Lesquels est-ce que vous allez demander?
    Ceux qui se recyclent.

2. De quel problème écologique parle-t-on le plus?
    De celui du réchauffement de la planète.

3. Lesquels de tes amis viendront nous aider?
    Ceux qui sont les plus optimistes.

4. Quelles solutions ne sont pas bonnes?
    Celles qui ont l'air trop compliquées et celles qui coûtent cher.

5. Quel avenir aura la planète?
    Celui qu'on prépare aujourd'hui.

6. Lesquelles est-ce qu'il faut choisir?
    Celles qui sont simples.

6A.2 The subjunctive (Part 1): introduction, regular verbs, and impersonal expressions

1 Choisissez You will hear some sentences with a beep in place of a verb. Decide which verb should complete each sentence and circle it.

modèle   *You hear:* Il est impossible que ce gaspillage *(beep)*.
        You see: continue   continuait
        You circle: **continue**

1. Il est nécessaire que nous *(beep)* cette loi.
2. Il vaut mieux que vous nous *(beep)*.
3. Il est dommage que ces gens ne *(beep)* pas le recyclage.
4. Est-il bon que des chercheurs *(beep)* dans cette centrale nucléaire?
5. Houma pense qu'il est indispensable que nous nous *(beep)* à ce problème.
6. Il est essentiel que les usines *(beep)* de polluer.
7. Il n'est pas bon que le gouvernement *(beep)* tout.
8. Il vaut mieux que vous *(beep)* votre idée.

2 Conjuguez Form a new sentence using the cue you hear as the subject. Repeat the correct response after the speaker.

modèle   Est-ce qu'il faut que je recycle ces emballages? (nous)
        Est-ce qu'il faut que nous recyclions ces emballages?

1. Il est dommage que tu ne le connaisses pas. (vous)
    Il est dommage que vous ne le connaissiez pas.

2. Il vaut mieux que nous les choisissions ensemble (ils)
    Il vaut mieux qu'ils les choisissent ensemble.

3. Est-ce qu'il est possible qu'elle nous attende au restaurant? (vous)
    Est-ce qu'il est possible que vous nous attendiez au restaurant?

4. Il est important qu'ils se parlent. (on)
    Il est important qu'on se parle.

5. Il faut que la réunion commence à l'heure. (tu)
    Il faut que tu commences à l'heure.

6. Il est indispensable que nous l'appelions aujourd'hui. (je)
    Il est indispensable que je l'appelle aujourd'hui.

3 Transformez Change each sentence you hear to the present subjunctive using the expressions you see in your lab manual. Repeat the correct response after the speaker.

modèle   *You hear:* Tu recycleras ces bouteilles.

You see: Il est important

You say: **Il est important que tu recycles ces bouteilles.**

1. Nous mangeons à la maison ce soir.

Il n'est pas essentiel que nous mangions à la maison ce soir.

2. Les gouvernements essayent de réduire l'effet de serre.

Il est bon que les gouvernements essayent de réduire l'effet de serre.

3. Vous vous occupez du ramassage des ordures.

Il est important que vous vous occupiez du ramassage des ordures.

4. Tu ne prends pas de gâteau.

Il est dommage que tu ne prennes pas de gâteau.

5. Je choisis un métier difficile.

Il ne faut pas que je choisisse un métier difficile.

6. Partez rapidement.

Il vaut mieux que vous partiez rapidement.

4 Complétez Listen to what Manu wants to do to save the environment and write the missing words in your lab manual.

Il faut que nous changions notre quotidien. Il vaut mieux que nous arrêtions d'utiliser des sacs en plastique et il est important que les gens apprennent à recycler chez eux! Il est essentiel aussi que nous n'achetions plus de produits ménagers dangereux; il est bon qu'on utilise des produits plus naturels. Enfin, il est nécessaire que nous essayions tous de ne pas gaspiller l'électricité, car il est impossible que les pays continuent à développer l'énergie nucléaire. Avec ces simples idées, il est très possible que nous arrivions à sauver la planète!

Leçon 6B
CONTEXTES

1 Associez Circle the words that are logically associated with each word you hear.

1. protéger
2. fleuve
3. sentier
4. arbre
5. vache
6. volcan

2 Logique ou illogique? Listen to these statements and indicate whether they are **logique** or **illogique**.

1. Ce fleuve passe près de la jungle.
2. On trouve beaucoup d'habitats naturels dans les forêts.
3. L'étoile tombe de la falaise.
4. Il reste peu d'îles désertes sur la Terre.
5. Il y a des plantes sur la Lune.

6. Au bout de ce sentier se trouve l'extinction des espèces.
7. Faisons un pique-nique dans le ciel.
8. Personne ne protège assez ces ressources naturelles.

3 Décrivez Look at the picture in your lab manual. Listen to these statements and decide whether each statement is **vrai** or **faux**.

1. Il n'y a plus de poissons dans le lac.
2. Cette rivière continue plus loin.
3. La vache aime l'herbe.
4. Il y a une forêt à droite de la vache.
5. Il y a deux vallées autour du volcan.
6. Le soleil est derrière les nuages.

LES SONS ET LES LETTRES

Homophones

Many French words sound alike, but are spelled differently. As you have already learned, sometimes the only difference between two words is a diacritical mark. Other words that sound alike have more obvious differences in spelling.

a / à   ou / où   sont / son   en / an

Several forms of a single verb may sound alike. To tell which form is being used, listen for the subject or words that indicate tense.

| je **parle** | tu **parles** | ils **parlent** |
| vous **parlez** | j'ai **parlé** | je vais **parler** |

Many words that sound alike are different parts of speech. Use context to tell them apart.

| Ils **sont** belges. | C'est **son** mari. |
| Tu vas **en** France? | Il a un **an**. |

You may encounter multiple spellings of words that sound alike. Again, context is the key to understanding which word is being used.

je **peux**	elle **peut**	**peu**
le **foie**	la **foi**	une **fois**
haut	l'**eau**	**au**

1 Prononcez Répétez les paires de mots suivants à voix haute.

1. ce   se
2. leur   leurs
3. né   nez
4. foi   fois
5. ces   ses
6. vert   verre
7. au   eau
8. peut   peu
9. où   ou
10. lis   lit
11. quelle   qu'elle
12. c'est   s'est

2 Choisissez Choisissez le mot qui convient à chaque phrase.
1. Je lis le journal tous les jours.
2. Son chien est sous le lit.
3. Corinne est née à Paris.
4. Elle a mal au nez.

3 Jeux de mots Répétez les jeux de mots à voix haute.
1. Le ver vert va vers le verre.
2. Mon père est maire, mon frère est masseur.

4 Dictée You will hear eight sentences. Each will be said twice. Listen carefully and write what you hear.
1. Ce garçon se coiffe devant ce miroir.
2. Je veux bien, mais il ne veut pas parce qu'il a très peu de temps.
3. Il lit sur son lit.
4. Son mari et elle sont fous de ce son.
5. J'en ai marre de tous ces gens.
6. Cet été, nous avons été très occupés.
7. Cet homme et cette femme ont sept enfants.
8. J'ai bu un verre d'eau minérale au café.

STRUCTURES

6B.1 The subjunctive (Part 2): will and emotion

1 Identifiez Listen to each sentence and write the infinitive of the subjunctive verb you hear.

modèle   *You hear:* Je veux que tu regardes la Lune ce
soir.

    You write: **regarder**

1. Nous demandons que la chasse soit interdite.
2. Ces gens exigent que le déboisement arrête immédiatement.
3. Les ingénieurs recommandent que nous fassions plus pour préserver le lac.
4. Les gens préfèrent que l'agence fasse plus d'écotourisme.
5. Tu ne souhaites pas qu'ils aient plus d'espace?
6. Le professeur a suggéré que vous preniez quelques pierres.

2 Conjuguez Form a new sentence using the cue you hear as the subject of the verb in the subjunctive. Repeat the correct response after the speaker.

modèle   J'aimerais que tu fasses attention. (vous)
    J'aimerais que vous fassiez attention.

1. Vous voulez que les rivières soient propres? (la vallée)
Vous voulez que la vallée soit propre?
2. Je suis content que tu sois là. (les enfants)
Je suis content que les enfants soient là.
3. Ils ne veulent pas que les écureuils aient froid. (tu)
Ils ne veulent pas que tu aies froid.

4. Cet homme politique désire que la ville ait plus d'espaces verts. (nous)
Cet homme politique désire que nous ayons plus d'espaces verts.
5. Monsieur Rose propose qu'on fasse une petite fête. (vous)
Monsieur Rose propose que vous fassiez une petite fête.
6. Les spécialistes souhaitent que nous fassions quelque chose. (je)
Les spécialistes souhaitent que je fasse quelque chose.

3 Associez Listen to each statement and write its number below the drawing it describes. There are more statements than there are drawings.
1. Elle souhaite qu'il fasse attention.
2. Elles sont désolées qu'il n'y ait plus de vin à boire.
3. Il est surpris qu'il fasse froid.
4. Il est désolé qu'il ne soit plus possible de manger le gâteau.
5. J'ai peur que tu n'aies pas les clés.
6. Il regrette que son miroir soit cassé.
7. Elle pense qu'il est tard.
8. Elle est triste qu'il n'y ait plus qu'une assiette.

4 Les conseils Listen to Julien give advice to his sons. Then, read the statements in your lab manual and decide whether they are **vrai** or **faux**.

Si vous partez à la montagne, j'exige que vous fassiez très attention. Je veux que vous soyez toujours accompagnés et que vous ayez des vêtements chauds pour la nuit. Je recommande que vous utilisiez plusieurs cartes et que vous ne quittiez pas le sentier. Je suggère aussi que vous ayez au moins deux téléphones. Je préfèrerais qu'un guide vienne avec vous et que vous reveniez si ça devient trop difficile. Ah! Une dernière chose: j'aimerais que vous preniez beaucoup de photos!

6B.2 Comparatives and superlatives of nouns

1 Identifiez Listen to each statement and mark an **X** in the column of the comparative or superlative you hear.

modèle   *You hear:* La France a beaucoup plus de
                rivières que de fleuves.
    You mark: an **X** *under* **plus de**

1. Il y a autant de lapins dans les champs que dans les bois.
2. Il y a moins de volcans actifs maintenant qu'autrefois.
3. Ces agriculteurs ont le plus de travail.
4. Nous avons fait moins de randonnées en montagne que vous.
5. Ces montagnes ont autant de sentiers que d'endroits pour faire des pique-niques!
6. Ces animaux ont le moins d'espace pour courir.
7. Mon père connaît plus de noms de plantes que moi.
8. Nous avons eu moins de neige cet hiver.

Unité 6 Audio Program Script   **113**

2 Changez Change each sentence you hear to say that the opposite is true. Repeat the correct response after the speaker.

modèle   Il y a plus d'écureuils en France qu'en Amérique du Nord.
          Il y a moins d'écureuils en France qu'en Amérique du Nord.

1. Nous avons aperçu autant d'animaux que la dernière fois.

 Nous n'avons pas aperçu autant d'animaux que la dernière fois.

2. La nature crée moins de choses que les hommes.

 La nature crée plus de choses que les hommes.

3. J'aimerais mieux avoir plus de plantes vertes.

 J'aimerais mieux avoir moins de plantes vertes.

4. Il nous faut moins de préservation de l'environnement, et pas plus!

 Il nous faut plus de préservation de l'environnement, et pas moins!

5. Elle n'a pas autant d'énergie pour sauver les habitats naturels.

 Elle a autant d'énergie pour sauver les habitats naturels.

6. Cet arbre a plus d'oiseaux que celui-là.

 Cet arbre a moins d'oiseaux que celui-là.

3 Choisissez Listen to each question and choose the most logical response.

1. Comment sont ces forêts?

2. Est-ce que vous vous sentez mieux?

3. Comment est l'île?

4. Vous avez remarqué s'il y avait beaucoup d'animaux?

5. Comment vont vos voisins?

6. Est-ce que ces animaux sont toujours en danger?

4 Écoutez Listen to the conversation and correct these statements.

VICTOR Tu penses que nous devrions aller au parc du Mercantour?

DENISE Non, j'aimerais mieux explorer les volcans d'Auvergne.

VICTOR Il y a plus d'animaux dans le parc et aussi plus d'endroits à explorer.

DENISE Oui, mais les volcans ont moins de touristes en cette saison.

VICTOR Mais le parc a plus de charme avec toutes ses plantes et ses arbres!

DENISE Je pourrai trouver plus de pierres pour ma collection près des volcans.

VICTOR Tu as raison. Allons explorer les volcans. Il y aura autant d'herbe là-bas pour faire notre pique-nique et tu t'y amuseras plus.

Unité 7

CONTEXTES

1 Les définitions You will hear some definitions. Write the letter of the word being defined.

1. Une pièce amusante pendant laquelle les spectateurs rient.
2. Un groupe de gens qui font de la musique ensemble.
3. Une artiste qui chante à des concerts ou des opéras.
4. Un artiste qui joue d'un instrument de musique.
5. Pour dire bravo aux artistes à la fin d'un spectacle.
6. Une personne qui dirige les acteurs.
7. Un groupe de professionnels au théâtre
8. La personne qui regarde un spectacle.

2 Associez Circle the words that are not logically associated with each word you hear.

1. chanteurs
2. tragédie
3. personnage principal
4. entracte
5. concert
6. troupe

3 Les artistes Listen to each statement and write its number below the illustration it describes. There are more statements than there are illustrations.

1. Claude Chabrol est un réalisateur célèbre.
2. J'ai un nouveau rôle.
3. C'est un bon joueur de guitare.
4. Sylvie est chanteuse de jazz.
5. Ils applaudissent beaucoup.
6. Ce couple de danseurs est très célèbre.

LES SONS ET LES LETTRES

Les liaisons obligatoires et les liaisons interdites

Rules for making liaisons are complex, and have many exceptions. Generally, a liaison is made between pronouns, and between a pronoun and a verb that begins with a vowel or vowel sound.

vous en avez   nous habitons   ils aiment   elles arrivent

Make liaisons between articles, numbers, or the verb **est** and a noun or adjective that begins with a vowel or a vowel sound.

un éléphant,   les amis
dix hommes   Roger est enchanté.

There is a liaison after many single-syllable adverbs, conjunctions, and prepositions.

très intéressant   chez eux
quand elle   quand on décidera

Many expressions have obligatory liaisons that may or may not follow these rules.

C'est-à-dire…   Comment allez-vous?
plus ou moins   avant-hier

Never make a liaison before or after the conjunction et or between a noun and a verb that follows it. Likewise, do not make a liaison between a singular noun and an adjective that follows it.

un garçon et une fille   Gilbert adore le football.
un cours intéressant

There is no liaison before **h aspiré** or before the word **oui** and before numbers.

un hamburger   les héros
un oui et un non   mes onze animaux

1 Prononcez Répétez les mots suivants à voix haute.

1. les héros
2. mon petit ami
3. un pays africain
4. les onze étages

2 Articulez Répétez les phrases suivantes à voix haute.

1. Ils en veulent onze.
2. Vous vous êtes bien amusés hier soir?
3. Christelle et Albert habitent en Angleterre.
4. Quand est-ce que Charles a acheté ces objets?

3 Dictons Répétez les dictons à voix haute.

1. Deux avis valent mieux qu'un.
2. Les murs ont des oreilles.

4 Dictée You will hear eight sentences. Each will be said twice. Listen carefully and write what you hear.

1. Ils arriveront vers une heure.
2. J'ai un appartement agréable, François aussi, mais on aimerait habiter ensemble.
3. Vous allez arriver chez eux avant elle.
4. C'est incroyable comme ils ont l'air de peu apprécier ses indications.
5. Mon ordinateur idéal aurait un grand écran.
6. Il y en a encore un ou deux pour après-demain.
7. Ils les emmèneront au théâtre avec eux quand ils auront six ans.
8. Plus on avance, moins on aperçoit ce petit hall.

STRUCTURES

7A.1 The subjunctive (Part 3): verbs of doubt, disbelief, and uncertainty

1 Identifiez Listen to each statement in the subjunctive and mark an **X** in the column of the verb you hear.

modèle   *You hear:* Il est impossible qu'ils aillent au théâtre ce soir.
           You mark: an **X** *under* **aller**

1. Elle ne pense pas qu'elle puisse devenir danseuse.
2. Il est douteux qu'il sache de quoi il parle.
3. Est-il possible que nous voulions la même chose?
4. Je ne crois pas que vous puissiez jouer ce soir.

5. Il n'est pas sûr que la troupe aille à Paris.

6. Nous doutons qu'elle sache chanter.

7. On ne pensait pas que vous alliez essayer.

8. Il n'est pas vrai que le compositeur veuille rencontrer l'orchestre.

2 Transformez Change each sentence you hear to the subjunctive using the expressions you see in your lab manual. Repeat the correct response after the speaker.

modèle   *You hear:* Il peut présenter le metteur en scène ce soir.

           You see: Il n'est pas certain que...

           You say: Il n'est pas certain qu'il puisse présenter le metteur en scène ce soir.

1. Cette actrice sait chanter.

   Il est impossible que cette actrice sache chanter.

2. La fin est logique.

   Mes amis ne pensent pas que la fin soit logique.

3. Ce genre de spectacle est très apprécié

   Il n'est pas vrai que ce genre de spectacle soit très apprécié.

4. La salle applaudit le chœur.

   Je ne suis pas sûr que la salle applaudisse le chœur.

5. Nous jouons de la batterie à l'entracte.

   Le metteur en scène doute que nous jouions de la batterie à l'entracte.

6. La réalisatrice vient vous voir.

   Il n'est pas certain que la réalisatrice vienne vous voir.

3 Choisissez Listen to each sentence and decide whether the second verb is in the indicative or in the subjunctive.

1. Barbara ne pense pas que vous ayez déjà ce texte.

2. Il est douteux que tu présentes le spectacle.

3. Nous pensons qu'ils jouent demain.

4. Il n'est pas sûr qu'elle puisse venir.

5. Il est évident que ce groupe a bien profité de la soirée.

6. Je ne doute pas que vous aimiez le spectacle.

7. Tout le monde ne sait pas qu'il joue du piano.

8. Tu doutes que ta petite-fille comprenne la pièce.

4 Le critique de film Listen to this movie critic. Then, answer the questions in your lab manual.

Je doute que beaucoup de spectateurs aillent voir «Merci pour les croissants». Je ne pense pas que le réalisateur sache faire des films. Il est impossible que des spectateurs puissent s'intéresser à un personnage principal aussi ennuyeux. Il n'est pas sûr que l'acteur lui-même ait compris toute l'histoire, mais je suis sûr qu'il ne veut plus jamais retravailler pour ce réalisateur! Je pense que ce film est loin, très loin d'être une réussite!

7A.2 Possessive pronouns

1 Identifiez You will hear sentences with possessive pronouns. Decide which thing the possessive pronoun in each sentence is referring to.

1. J'ai oublié le mien.

2. On préfère la nôtre, bien sûr!

3. Les tiennes sont dans la voiture.

4. Les Caumartin n'ont pas emmené le leur à la fête.

5. Vous allez chez les vôtres pour les vacances?

6. La leur ne marche pas très bien.

2 Transformez You will hear sentences that sound a little repetitive. Improve each sentence by changing the second possessive adjective and noun into a possessive pronoun. Repeat the correct answer after the speaker.

modèle   Tu as ton appareil photo et j'ai mon appareil photo aussi.

           Tu as ton appareil photo et j'ai le mien aussi.

1. Notre grand-père va bien et ton grand-père, il va bien aussi?

   Notre grand-père va bien et le tien, il va bien aussi?

2. Nous avons nos maillots de bain et eux, ils ont leurs maillots de bain aussi.

   Nous avons nos maillots de bain et eux, ils ont les leurs aussi.

3. Ils ont oublié leurs billets, mais nous avons nos billets.

   Ils ont oublié leurs billets, mais nous avons les nôtres.

4. Mon café n'est pas chaud, et votre café?

   Mon café n'est pas chaud, et le vôtre?

5. Je paie avec ma carte de crédit ou toi, tu paies avec ta carte de crédit?

   Je paie avec ma carte de crédit ou toi, tu paies avec la tienne?

6. On peut compter sur nos amis, mais est-ce qu'elle peut compter sur ses amis?

   On peut compter sur nos amis, mais est-ce qu'elle peut compter sur les siens?

3 Complétez Listen to Faïza talk about her social life. You will hear beeps where the possessive pronouns should be. Write the missing possessive pronouns in your lab manual.

Vous avez un cercle d'amis? Eh bien, j'ai beaucoup d'amis. *(beep)* est très grand! Qu'est-ce que vos amis et vous aimez faire pour vous amuser? *(beep)* vont souvent en ville. On se promène, on prend des repas pas trop chers au petit bistro du coin, on regarde un film ou un spectacle si on a un peu d'argent... La mère de Juliette n'aime pas qu'on rentre après 23h00, mais *(beep)* me permet de rentrer assez tard si je suis avec des amis qu'elle connaît. Le père de Slimane est très stricte et il ne sort pas souvent avec nous parce qu'il doit souvent travailler à la maison. Mais Stéphane sort tous les soirs parce que *(beep)* n'est pas stricte du tout! Vos amies, quand elles sortent entre elles le soir sans les garçons, est-ce qu'elles font un peu attention pour ne pas avoir de problèmes? C'est le cas pour *(beep)*. Elles sont intelligentes. Maintenant que vous connaissez un peu plus mon cercle d'amis, j'aimerais bien connaître *(beep)*.

4 Modifiez You will hear a series of sentences. Rewrite them, replacing the possessive adjective and noun with a possessive pronoun.

1. C'est sa pièce de théâtre.

2. Ce sont nos violons.

---

3. Ce sont leurs places.

4. C'est votre piano.

5. Ce sont mes chansons.

6. C'est ton concert.

Leçon 7B

CONTEXTES

1 Logique ou illogique? Listen to these statements and indicate whether they are **logique** or **illogique**.

1. Ce peintre n'a eu que des critiques positives.

2. Je préfère les informations du soir à celles de midi.

3. Les œuvres littéraires m'ennuient.

4. Après la météo, nous regarderons la radio.

5. Une femme auteur sait toujours faire de la sculpture.

6. Cette sculpture ancienne est du genre moderne.

7. Les feuilletons préférés des Français sont les variétés.

8. Marie est poétesse et magazine.

2 Décrivez For each drawing, you will hear two statements. Choose the one that corresponds to the drawing.

1. a. Cette poétesse publie son texte.

   b. Le poète lit son texte.

2. a. Cet auteur est très doué.

   b. Il a toujours aimé les beaux-arts.

3. a. Mon cousin David sait peindre.

   b. Il vient d'avoir une exposition.

3 Le programme Listen to this announcement about tonight's TV program. Then, answer the questions in your lab manual.

Ce soir, TVZap vous offre émotion artistique et actualités. Votre soirée commence à dix-neuf heures, avec les informations présentées par Philippe André. Ensuite, c'est votre jeu télévisé préféré, «C'est la télé», à dix-neuf heures trente suivi de votre météo. À vingt heures trente, votre film du dimanche soir, «Monsieur n'est toujours pas là», un drame psychologique avec Richard Mercier et Jeanne Leblond. Un écrivain découvre que, bizarrement, l'un de ses romans décrit le passé secret de sa femme. Après le film, le magazine sur les arts «Des vies et des couleurs» aura pour invité l'auteur-compositeur-interprète Éric Bernier. À vingt-trois heures trente, rendez-vous avec l'actualité du soir. Bonne soirée sur TVZap!

LES SONS ET LES LETTRES

Les abréviations

French speakers use many acronyms. This is especially true in newspapers, televised news programs, and in political discussions. Many stand for official organizations or large companies.

    EDF = Électricité de France

    ONU = Organisation des Nations Unies

People often use acronyms when referring to geographical place names and transportation.

    É-U = États-Unis   **RF** = République Française

    RN = Route Nationale   **TGV** = Train à Grande Vitesse

Many are simply shortened versions of common expressions or compound words.

    SVP = S'il Vous Plaît   **RV** = Rendez-Vous

    RDC = Rez-De-Chaussée

When speaking, some acronyms are spelled out, while others are pronounced like any other word.

    CEDEX = Courrier d'Entreprise à Distribution Exceptionnelle

1 Prononcez Répétez les abréviations suivantes à voix haute.

1. W-C = *Water-Closet*

2. HS = Hors Service

3. VF = Version Française

4. CV = Curriculum Vitæ

5. TVA = Taxe à la Valeur Ajoutée

6. DELF = Diplôme d'Études en Langue Française

7. RATP = Régie Autonome des Transports Parisiens

8. SMIC = Salaire Minimum Interprofessionnel de Croissance

2 Assortissez-les Répétez les abréviations à voix haute. Que représentent-elles?

1. **ECP**   a. objet volant non identifié

2. **GDF**   b. toutes taxes comprises

3. **DEUG**   c. président-directeur général

4. **TTC**   d. école centrale de Paris

5. **PDG**   e. gaz de France

6. **OVNI**   f. diplôme d'études universitaires générales

3 Expressions Répétez les expressions à voix haute.

1. **RSVP** Répondez, s'il vous plaît.

2. Elle est **BCBG** Bon chic bon genre.

4 Dictée You will hear eight sentences. Each will be said twice. Listen carefully and write what you hear.

1. La SNCF vous souhaite un bon voyage.

2. Ces produits sont chers à cause de la TVA.

3. C'est dommage de s'arrêter au CAP, tu devrais aussi passer ton bac.

4. Tu devrais aller à l'ANPE pour trouver un stage.

5. La RATP et le RER ne fonctionnent pas aujourd'hui.

6. Ces ouvriers gagnent le SMIC.

7. J'ai vu le film en VF.

8. Les enfants aiment lire des BD.

Audio Program Script

STRUCTURES

7B.1 The subjunctive (Part 4): the subjunctive with conjunctions

1 Identifiez Listen to each statement and mark an **X** in the column of the conjunction you hear.

modèle   *You hear:* Nous n'y arriverons pas sans que vous fassiez un effort.
        You mark: an **X** *under* **sans que**

1. Avant que le programme change, il y avait un film policier tous les mardis soirs.
2. Mettez-vous devant pour mieux entendre.
3. J'ai lu plusieurs critiques avant d'aller voir le film.
4. Nous irons voir l'auteur pour qu'il signe notre livre.
5. J'ai commencé la peinture sans prendre de cours.
6. Madame Fauchon s'occupera de prendre des places pour le prochain spectacle avant de quitter le théâtre.
7. Ce roman sera publié sans que l'auteur le sache.
8. Nous devons présenter notre carte pour que la séance soit gratuite.

2 Finissez You will hear incomplete sentences. Choose the correct ending for each sentence.
1. Un artiste doit travailler…
2. Nous regarderons le film d'horreur…
3. J'irai à l'exposition…
4. La météo est présentée à la fin des infos…
5. Je n'aimais pas ce chef-d'œuvre…
6. Je lirai ce roman…

3 Conjuguez Form a new sentence using the cue you hear as the subject of the first verb. Repeat the correct response after the speaker.

modèle   Tu ne partiras pas sans finir ton assiette. (nous)
        Nous ne partirons pas sans que tu finisses ton assiette.

1. Les spectateurs sont partis avant d'applaudir. (les acteurs)
    Les acteurs sont partis avant que les spectateurs applaudissent.
2. Vous ne verrez pas cette œuvre avant de passer chez moi. (ils)
    Ils ne verront pas cette œuvre avant que vous passiez chez moi.
3. Tu choisiras une date pour venir nous voir. (nous)
    Nous choisirons une date pour que tu viennes nous voir.
4. Il organise une exposition pour devenir célèbre. (vous)
    Vous organisez une exposition pour qu'il devienne célèbre.
5. Elle ne voit jamais ce film sans finir par être triste. (on)
    On ne voit jamais ce film sans qu'elle finisse par être triste.
6. Le chanteur aimait le poème avant d'en faire une chanson. (les gens)
    Les gens aimaient le poème avant que le chanteur en fasse une chanson.

4 Décrivez Listen to each statement and write its number below the drawing it describes. There are more statements than there are drawings.
1. Nous ne partirons pas sans que vous ayez mis de bonnes chaussures et que vous soyez prêts.
2. Nous aurons besoin de nos numéros de places pour nous asseoir.
3. Tout ira bien à condition que vous suiviez bien mes instructions.
4. Ne touchez pas les plantes à moins que je vous le permette.
5. Nous marcherons jusqu'à ce que la nuit tombe.
6. Vous ne verrez pas d'oiseaux avant que nous arrivions près de la rivière.

7B.2 Review of the subjunctive

1 Choisissez Listen to each sentence and decide whether you hear a verb in the subjunctive.
1. Il faut aller voir ce film.
2. Leurs amis ne viendront pas sans téléphoner avant.
3. Il ne faut pas que vous fassiez de peinture.
4. Je pense qu'elle nous écoute.
5. La visite sera agréable à moins que le musée ferme tôt.
6. Ils sont contents que les spectateurs applaudissent.
7. Il est nécessaire de changer tout ça.
8. Personne ne veut que cette pub passe plus souvent à la télé.

2 Complétez You will hear sentences with a beep in place of a verb. Decide which verb should complete each sentence and circle it. Repeat the correct response after the speaker.

modèle   *You hear:* Cette artiste sera douée à condition que vous lui *(beep)* des conseils.
        You see: donnez donniez
        You circle: **donniez**

1. Il est important qu'ils *(beep)* cette langue.
    Il est important qu'ils apprennent cette langue.
2. Le peintre doute que les tableaux *(beep)* prêts pour l'exposition.
    Le peintre doute que les tableaux soient prêts pour l'exposition.
3. Vos parents ont peur que vous *(beep)* de leur téléphoner.
    Vos parents ont peur que vous arrêtiez de leur téléphoner.
4. Est-ce que tu veux que nous *(beep)* ce roman?
    Est-ce que tu veux que nous lisions ce roman?
5. Ils croient que l'émission *(beep)* déjà finie.
    Ils croient que l'émission est déjà finie.
6. Mohammed étudie aux Beaux-arts pour *(beep)* sculpteur.
    Mohammed étudie aux Beaux-arts pour devenir sculpteur.
7. La réalisatrice est heureuse que les spectateurs *(beep)* son film.
    La réalisatrice est heureuse que les spectateurs aiment son film.

8. Mes grands-parents ne viendront pas sans que nous les *(beep)*.

Mes grands-parents ne viendront pas sans que nous les invitions.

3 Transformez Change each sentence you hear to the subjunctive using the expressions you see in your lab manual. Repeat the correct response after the speaker.

modèle   *You hear:* Elle vend beaucoup de tableaux.
                  You see: Je doute que…
                  You say: **Je doute qu'elle vende beaucoup de tableaux.**

1. Tu connais l'auteur.
   Il n'est pas essentiel que tu connaisses l'auteur.
2. Sa femme lit des romans d'amour.
   Monsieur Bétan ne croit pas que sa femme lise des romans d'amour.
3. Il n'y a plus de place.
   On essaiera de voir la pièce à moins qu'il n'y ait plus de place.
4. Vous ne pouvez pas y assister.
   Il est dommage que vous ne puissiez pas y assister.
5. Ils vont plus au cinéma qu'au théâtre.
   Est-ce que tu es triste qu'ils aillent plus au cinéma qu'au théâtre?
6. Nous attendons la prochaine séance.
   Il vaut mieux que nous attendions la prochaine séance.

4 Le professionnel Listen to the trainer's advice. Then, number the drawings in your lab manual in the correct order.

Il faut que tu fasses du vélo plus souvent si tu veux devenir un vrai professionnel. Tu ne peux pas réussir à moins que tu arrêtes de passer ton temps devant la télé. Il est important que tu passes de longues heures à pratiquer ce sport. Je ne veux plus que tu sortes tard et que tu restes au lit jusqu'à midi. Il faut que tu te lèves tôt. Il est indispensable que tu trouves des partenaires, parce que je doute que tu puisses gagner sans être dans une bonne équipe.

Audio Program Script